KOCH ECHT

FABIO HAEBEL

KOCH ECHT

VON MAHLZEITEN
UND MANUFAKTUREN

70 Rezepte

FOTOGRAFIERT VON ELISSAVET PATRIKIOU

Hölker Verlag

INHALT

ALS WIRT EINES KLEINEN RESTAURANTS IN HAMBURG...

… und aus ganz persönlicher Freude an gutem Essen werde ich stets hellhörig, wenn es um die Herkunft und Produktion von Lebensmitteln geht, die ich täglich verarbeite, anbiete und selbst verzehre. Woher stammt das Fleisch auf meinem Teller? Welcher Kaffeeröster legt Wert darauf, wo seine Bohnen herkommen, weiß, unter welchen Bedingungen sie gepflanzt und geerntet wurden und versteht sein Handwerk? Was hat es mit den Großstadtimkern auf sich, die Bienenvölker in Dach- und Stadtgärten ansiedeln? Diese Fragen sind mir eine echte Herzensangelegenheit. Und so machte ich mich für dieses Buch auf die Suche: nach besonderen Zutaten und echtem Geschmack, nach neuen Konzepten und der viel beschworenen „Liebe zum Detail".

Gefunden habe ich vor allem die wunderbare Erkenntnis, dass es mittlerweile eine Vielzahl kleinerer und größerer Produzenten gibt, die sich der Qualität verschrieben haben. Individuelle Manufakturen, Betriebe, die für Handarbeit und/oder Nachhaltigkeit stehen. Kollektive, die aus reinem Idealismus arbeiten. Und man findet sie nicht selten in unmittelbarer Nähe. Ihr könnt mir glauben, die Auswahl für dieses Buch ist mir schwer gefallen. Sie soll deshalb eine Anregung für euch darstellen, selbst auf Entdeckungstour zu gehen. Denn natürlich gibt es neben meinem Haus-und-Hof-Kaffeeröster auch tolle Röstereien in Karlsruhe, München, Dresden und Bremen, genau wie grandiose Molkereien und Milchhöfe in ganz Deutschland zu finden sind. Und auch außerhalb von Rheinhessen werden wundervolle Weine produziert.

Mit einigen Erzeugern arbeite ich schon länger zusammen, andere habe ich für dieses Buchprojekt zum ersten Mal getroffen – immer aber hatten die Menschen etwas zu ihren Produkten zu sagen, weshalb ihr in diesem Buch nicht nur Rezepte, sondern auch Portraits der Produzenten findet. Ich kam in den Genuss, vor Ort mit ihnen und ihren Erzeugnissen zu kochen. Viele der Rezepte hatte ich bei Ankunft bereits im Kopf. Einige koche ich seit meiner Ausbildung. Für andere ist die Idee erst während meines Besuchs entstanden. Alle aber, und das verspreche ich euch, sind saulecker!

Ich hoffe, ihr habt mit diesem Buch eine genauso gute Zeit wie Elissavet und ich sie auf unserer Tour durch die Betriebe erleben durften, speist in ebenso herzlicher Gesellschaft und vor allem: esst und kocht echt köstlich!

EUER FABIO

BIER

AUS HAMBURG

Gerstensaft in Bestform

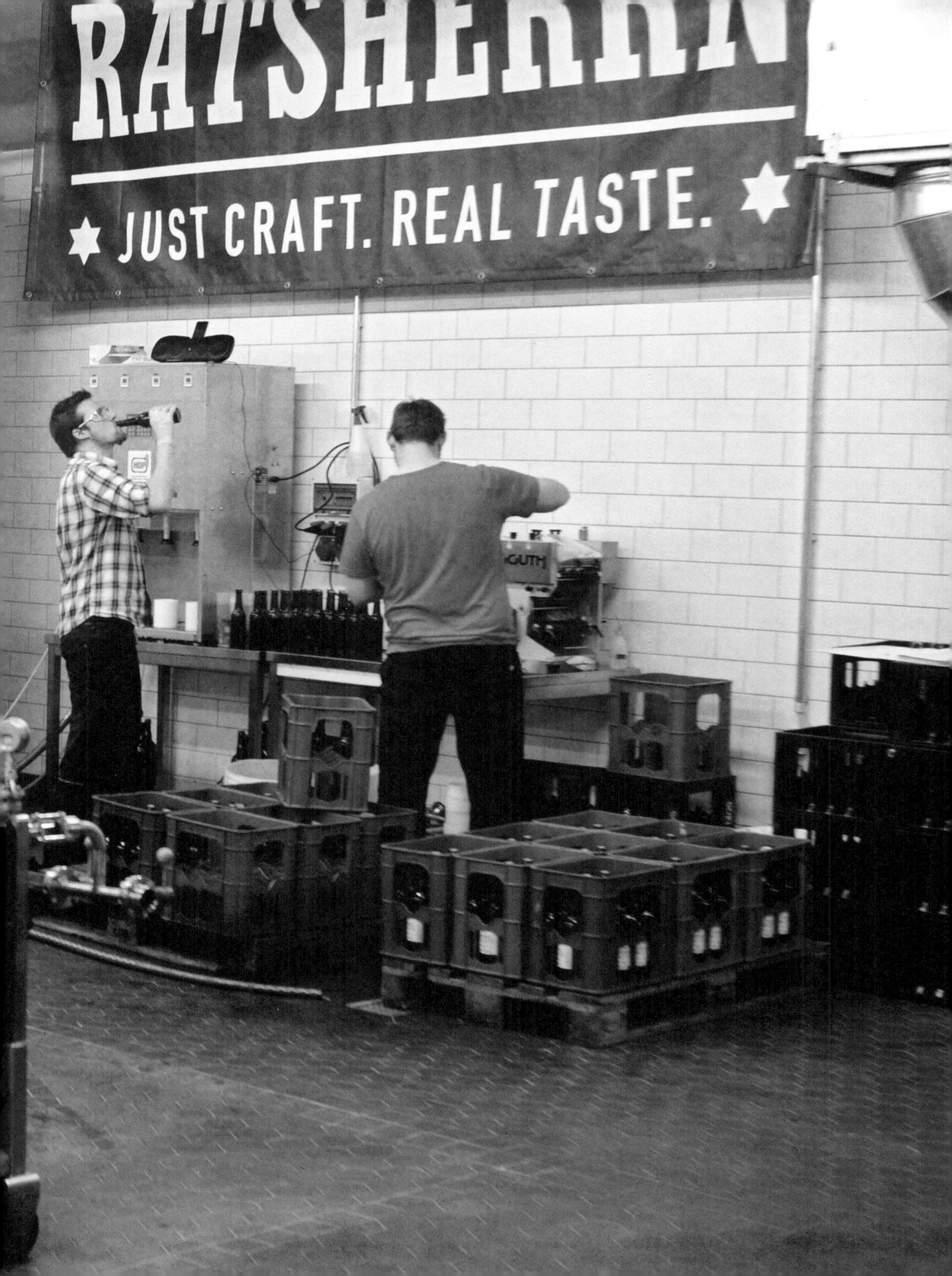
RATSHERRN
JUST CRAFT. REAL TASTE.
GUTH

Ian Pyle braut Bier aus Leidenschaft. Der Hamburger Craft-Brauerei-Betreiber entwickelt unterschiedliche Sorten und ist bei jeder einzelnen mit Begeisterung für die Kombination verschiedenster Aromen am Werk. Sein Ideenreichtum spiegelt sich in der Vielfalt der Biersorten und dem ständig wechselnden Sortiment der Ratsherrn Brauerei wider. Hier ist das alte Brauerhandwerk quicklebendig.

RATSHERRN BRAUEREI

HAMBURG-ST. PAULI

➤➤ Hier geht's ums Bier. Zum besseren Verständnis vorab eine kurze Erläuterung des Begriffs Craft-Brauerei: Er kam vor einigen Jahrzehnten in den USA auf, als eine Reihe von vergleichsweise kleinen Brauereien entstand, die zunächst Microbreweries genannt wurden. Im Zuge der allgemeinen Craft-Bewegung, als handwerkliches Geschick wieder mehr geschätzt wurde, wurden daraus die Craftbreweries bzw. Craft-Brauereien. Das englische Wort Craft bedeutet Handwerk bzw. handwerkliches Arbeiten und lässt ahnen, worum es den Brauern dabei geht: Die Craft-Brauereien wollen nicht immer nur ein und dieselbe Biersorte ans durstige Volk bringen, sondern lieber eine Auswahl feiner, erlesener und ganz besonderer Biere herstellen. Die Entwicklung solcher Biere mit Anspruch darf man wohl kaum einem seelenlosen Computer überlassen, das schaffen nur erfahrene Braumeister mit ihrem Ideenreichtum und handwerklichen Geschick. Ian Pyle ist ein solcher Bier-Erfinder, wie man ihn ohne Übertreibung auch nennen könnte. Er arbeitet in der Hamburger Ratsherrn Brauerei und macht nichts anderes, als sich abseits vom üblichen Braugeschehen ständig neue Sorten auszudenken. Welcher Bierfreund würde ihn wohl nicht um diesen hochinteressanten Job beneiden? Tatsächlich ist Ian Pyle mit einer solchen Leidenschaft bei der Sache, dass er an manchen Abenden vor lauter Tüftelei sogar vergisst nach Hause zu gehen und in einem Notbett in der Brauerei übernachten muss. Ratsherrn war übrigens früher ein traditioneller Betrieb und ist jetzt eine solche Craft-Brauerei.

Man sollte sich seine Arbeit so vorstellen: Egal, ob er sich beispielsweise in seiner Testküche (so nennt sich sein kleiner Arbeitsbereich), in einem Blumengeschäft oder auf einem Stadtbummel befindet, immer sind seine Sinne offen für neue Bier-Ideen. Sobald ihn ein inspirierender Duft anfliegt, ist er gleich bei der Sache. Er schreibt sich alles sofort auf und hat schon eine ganz lange Liste. Die kann er auch gebrauchen, denn im Rhythmus von zwei bis drei Wochen beglückt er die Biertrinker mit einem neuen Gebräu. Bei seinen Experimenten hat er ein wenig die belgischen Biere im Sinn, die von einer verblüffenden Vielfalt sind. Darum

hat er auch keine Hemmungen, mit den Aromen etwa von Koriander, Orangenschale oder Kamillenblüten etwas anzustellen. Beispielsweise für Biere, die zu herbstlicher Stimmung passen sollen, denkt er sich gern etwas mit Röst- und Karamellmalzen, mit Kaffee-, Espresso- und Schokoladennoten aus. Manchmal klingen seine Eingebungen fast schon exzentrisch: Bier mit dem Geschmack von Nelke, Chipotle-Chili und Kirsche. Und dann kommt das Bier zum Reifen auch noch in gebrauchte Holzfässer: Mal war Whiskey darin, mal Chardonnay, Sherry oder Portwein, mal Tequila oder sonst was. Ehrlich, ein wahres Bierparadies! Manche

IM RHYTHMUS VON ZWEI BIS DREI WOCHEN BEGLÜCKT ER DIE BIERTRINKER MIT EINEM NEUEN GEBRÄU.

Dorfkneipen-Stammtischrunde würde angesichts solcher Schöpfungen allerdings sicher sofort Krawall schlagen. Aber für die sind Ian Pyles Kreationen auch gar nicht gedacht, jedenfalls nicht in erster Linie. Die Ratsherrn Brauerei befindet sich in der Sternschanze, direkt hinter der Bullerei. Hier treffen sich die besonders aufgeschlossenen Biertrinker quer durch alle Gesellschaftsschichten und Altersklassen. Im Brauerei eigenen Ausschank können sie die aktuellen Sorten probieren – immer etwa ein halbes Dutzend, dazu kommt eine Handvoll Biere, die länger im Programm bleiben. Am besten lässt man nichts aus, sonst verpasst man noch was.

Denn die meisten Sorten werden nach kürzester Zeit durch neue ersetzt, und nur solche, die sich als besonders beliebt erweisen, kommen in größeren Chargen von circa 100 Hektolitern in den Handel (für andere Brauereien ein Witz!). Im Übrigen gibt es die Ratsherrn-Spezialitäten auch noch in einigen wenigen ausgesuchten Geschäften. Und was hat Ian Pyle als Nächstes vor? Verrät er nicht: Betriebsgeheimnis. Schade. Oder auch gar nicht schade: Da hat man doch einen guten Grund, zum Probieren hinzugehen.

MIESMUSCHELN IM WITBIERTEICH

Für **2** PORTIONEN

MIT MUSCHELN IN WEISSWEIN IST ES ÄHNLICH WIE MIT SPAGHETTI IN TOMATENSOSSE: SUPERLECKER, ABER NICHT WIRKLICH AUFREGEND. DIE ORANGENNOTE DES BELGISCHEN CRAFT BEERS IN VERBINDUNG MIT KORIANDER REISST DAFÜR ALLE VOM HOCKER.

Die Schalotten und den Knoblauch schälen. Die Korianderblättchen von den Stängeln zupfen und beiseitelegen. Korianderstängel und Schalotten klein hacken und die Knoblauchzehe andrücken. Die Butter in einem großen Topf zerlassen und alles zusammen mit der abgeriebenen Schale der Orange andünsten.

Ein Glas (0,2 l) Bier abmessen und beiseitestellen.

Die Muscheln sorgfältig unter fließendem kaltem Wasser abbürsten, von den Bärten befreien, offene Exemplare wegwerfen und die übrigen in den Topf geben. Das ganze restliche Bier zu den Muscheln geben, mit Salz und Pfeffer abschmecken und den Deckel auf den Topf legen. Nach 3 Minuten den Topf vom Herd nehmen und weitere 7 Minuten geschlossen lassen. Während der Wartezeit empfiehlt es sich, einen kräftigen Schluck aus dem Glas zu nehmen.

Den Inhalt des Topfes auf geschlossene Muscheln überprüfen und diese aussortieren. Die restlichen in eine Schüssel geben und mit frisch gehackten Korianderblättchen bestreuen.

2 Schalotten

1 Knoblauchzehe

1 Bund frischer Koriander

1 Stück Butter

abgeriebene Schale von 1 Bio-Orange

2 Flaschen Witbier (à 0,33 l)

1,5 kg Miesmuscheln

Salz

frisch gemahlener Pfeffer

Dazu Baguette servieren. Guten Appetit!

BELGISCHE FRITTEN MIT WITBIERTUNKE

Für 4 PORTIONEN

KNUSPRIGE, GOLDGELBE FRITTEN. HANDGESCHNITZT UND IN GUTEM FETT AUSGEBACKEN SIND SIE MEINE HEIMLICHE LEIDENSCHAFT. KEIN WUNDER, DASS DIE BELGIER IHRE FRITES UND DIE DAZUGEHÖRIGEN BUDEN NAMENS FRITURES ALS UNESCO-WELTKULTURERBE SCHÜTZEN LASSEN WOLLEN. SMAKELIJK!

1 kg festkochende Kartoffeln (geschält gewogen)

400 ml Fett zum Frittieren (z. B. Erdnussöl)

2 Eigelb

40 ml Milch

40 ml Witbier

150 – 200 ml Maiskeimöl

1 Spritzer frischer Zitronensaft

Salz

frisch gemahlener Pfeffer

Die Kartoffeln schälen, in frittengroße Stifte schneiden (ca. 1 Zentimeter breit und 1/2 Zentimeter dick) und in einem Sieb unter fließendem kaltem Wasser abspülen. Anschließend ca. 10 Minuten ins kalte Wasser legen, damit sich Stärke aus den Kartoffeln löst. Mit Küchenpapier gut trocken tupfen.

Das Frittierfett in einem großen Topf oder der Fritteuse auf ca. 150 °C erhitzen.

In der Zwischenzeit mit dem Stabmixer Eigelbe, Milch und Witbier miteinander pürieren.

Nun könnt ihr den ersten Frittiervorgang vollziehen und die Kartoffelsticks in mehreren Steps frittieren. Der erste Vorgang ist beendet, wenn die Kartoffeln oben schwimmen.

Wenn alle Kartoffeln fertig frittiert sind, auf Küchenpapier abkühlen lassen und das Fett auf 180 °C erhitzen.

In der Zwischenzeit könnt ihr eure Mayo fertig machen. Gießt in eure Eier-Milch-Bier-Mischung nach und nach das Maiskeimöl bei laufendem Stabmixer. Das Ganze dauert, je nach Raumtemperatur, mal kürzer, mal länger, und wenn ihr glaubt, es passiert nichts mehr, dickt die Mayo auf einmal an und ihr könnt mit einem Spritzer Zitronensaft, Salz und Pfeffer würzen.

Jetzt noch für 2 Minuten die Pommes frites im heißen Öl fertig backen und direkt mit der Mayo servieren.

GELACKTER SCHWEINEBAUCH

Für 4 PORTIONEN

VON BAYERN ÜBER UNGARN BIS NACH JAPAN UND ZURÜCK. SCHWEINEBAUCH HAT IN VIELEN KULTUREN EINE LANGE TRADITION. MIT BIER, HONIG, KORIANDER UND SOJASOSSE DARF'S FÜR MICH VON ALLEM EIN BISSCHEN SEIN.

Für den Schweinebauch:

1 kg Schweinebauch

4 Lorbeerblätter

3 Nelken

2 Pimentbeeren

2 Wacholderbeeren

Stängel von 1 Bund Koriander

1/2 Zwiebel

grobes Salz zum Einreiben

Für die Glasur:

1 Flasche Witbier (0,33 l)

3 EL Honig

3 EL Sojasoße

1 TL gemahlener Koriander

frisch gemahlener Pfeffer

Für die Gemüsesoße:

1 Zwiebel

1 Knoblauchzehe

1 Möhre

1/2 Sellerieknolle

Öl zum Braten

2 TL Tomatenmark

500 ml Witbier

3 EL kalte Butter zum Binden

Salz

frisch gemahlener Pfeffer

Den Schweinebauch gut waschen und in einen großen Topf geben. Mit kaltem Wasser bedecken und die Gewürze, die grob gehackten Korianderstängel und die halbe Zwiebel ungeschält hinzugeben. Sobald das Wasser anfängt zu kochen, den Deckel schräg auflegen, sodass ein kleiner Spalt offen ist, und den Schweinebauch ca. 45 Minuten lang köcheln lassen. Dann die Haut des gekochten Schweinebauchs mit einem scharfen Messer einritzen, es eignet sich auch hervorragend eine Rasierklinge mit Griff oder ein Teppichmesser.

In der Zwischenzeit in einem zweiten Topf die Zutaten für die Glasur miteinander verrühren, erhitzen und den Ofen schon mal auf 160 °C Ober-/Unterhitze (Umluft nicht geeignet) vorheizen.

Für die Gemüsesoße Zwiebel und Knoblauch schälen, Möhre und Sellerie putzen, alles klein schneiden und in einem Bräter etwas Öl erhitzen. Zwiebel, Knoblauch und Gemüse darin anbraten, dann das Tomatenmark mitrösten und das Bier angießen.

Den eingeritzten Braten mit dem groben Salz gut einreiben und auf das Gemüse setzen. Insgesamt braucht der Schweinebauch jetzt noch ca. 2 Stunden und 30 Minuten im Ofen. Alle 20 Minuten pinselt ihr ihn ordentlich mit der Honig-Bier-Glasur ein und dreht die Temperatur nach 1 Stunde und 30 Minuten auf 120 °C runter.

Wenn die Zeit um ist und eure Marinade ganz aufgepinselt wurde, den Schweinebauch aus dem Ofen nehmen, auf ein Brett setzen und den Braten-Gemüse-Fond zuerst gut durchpürieren und dann durch ein Sieb streichen. Eure Soße mit kalter Butter binden und mit Salz und Pfeffer abschmecken.

Entlang der eingeritzten Haut könnt ihr jetzt schöne Scheiben aus dem Braten schneiden und mit der Gemüsesoße und Beilagen eurer Wahl servieren.

VESPERBROT MIT FEIER- ABENDBIER

Für **1** PORTION

ES SIND FAST IMMER DIE EINFACHEN DINGE, DIE MIR NACH EINEM LANGEN ARBEITSTAG IN MEINEM BISTRO DEN FEIERABEND VERSCHÖNERN: WIE EINE ORDENTLICHE KÄSESCHNITTE!

1 EL geschälte Pistazien

1 große Scheibe deftiges Brot (Sauerteigbrot o. Ä.)

1 Stück Butter

ein paar Salatblätter

1 Flasche Bier

1 Stück Pecorino oder Gruyère

Rotwein-Traubengelee (Rezept S. 94)

Feierabend und ein paar ruhige Minuten

Die Pistazien in einer Pfanne bei geringer Hitze ohne Fett vorsichtig anrösten.

Währenddessen das Brot mit etwas Butter bestreichen und mit Salat belegen. Das Bier öffnen und einen kräftigen Schluck nehmen.

Das Brot mit ordentlich Pecorino oder Gruyère und mit Rotwein-Traubengelee sowie gerösteten Pistazien belegen.

Das restliche Bier ins Lieblingsglas kippen und zusammen mit dem Brot aufs Sofa setzen.

Guten Appetit!

WITBIER-EIS

Für **3-4** PORTIONEN

ES WAR ETWAS BESONDERES, WENN WIR FRÜHER IN DIE NÄCHSTGELEGENE STADT FUHREN, UM BEI GIOVANNI EIN EIS ZU ESSEN. MAN SAGTE, ER – AUS SÜDITALIEN STAMMEND – HABE GELATO GEWISSERMASSEN IM BLUT. IN SEINER EISDIELE SAVIANE HABE ICH ALS JUNGER KERL MEIN ERSTES WEISSBIER-EIS GEKOSTET.

Die Eier trennen und die Eiweiße mit dem Salz steif schlagen. Die Sahne ebenfalls steif schlagen. Die Eigelbe mit dem Zucker schaumig rühren, dann das Witbier unterrühren und abwechselnd geschlagene Sahne und Eischnee unterheben, bis alles miteinander verrührt ist.

Die Masse in die Eismaschine füllen und gefrieren lassen.

3 Bio-Eier

1 Prise Salz

110 ml Sahne

50 g feiner Zucker

110 ml Witbier

GEMÜSE

AUS HAMBURG-ST. PAULI

Alles im grünen Bereich

Leckere Gerichte aus selbst gezogenem Gemüse kochen, frische Kräuter schneiden und bunte Blumensträuße pflücken – für Großstädter nur ein Traum? Nicht unbedingt. Denn immer häufiger werden freie urbane Flächen zum gemeinschaftlichen Anbau genutzt, so auch ein Garagendach in St. Pauli. Hier gedeihen in rund 650 alten Bäckerkisten 172 verschiedene Pflanzensorten und versetzen so manchen Städter in Staunen.

GARTENDECK

HAMBURG–ST. PAULI

▶▶ Man hat keine Ahnung, wie viele große und freie Flächen es selbst in eng gewordenen urbanen Bereichen gibt, mit denen sich etwas Sinnvolles anfangen ließe. Seht mal nach oben! Habt ihr euch schon einmal gefragt, was sich auf den Flachdächern der Gebäude so tut, an denen ihr täglich vorbeikommt? Wahrscheinlich passiert da meist gar nichts, da ist Dach, sonst nichts. Aber genau das ist der Punkt: Dach ist nämlich nicht einfach nur Dach, sondern – zumindest im Falle von Flachdächern – ein ungenutztes Areal und deshalb völlig verschenkt. Natürlich gibt es gute Gründe, angefangen von der Baustatik bis zu Sicherheitsaspekten, warum man nicht jedes freie Flachdach etwa zu einem öffentlichen Treffpunkt mit Kiosk und Kinderspielplatz umgestalten kann, schöner Ausblick inklusive. Es gibt aber auch etliche

Dächer, bei denen nichts dagegenspricht. Na, gegen einen Kinderspielplatz vielleicht, nichts aber gegen die Nutzung als Garten – ein Ort, von dem viele Städter nur träumen. Und warum nicht gleich einen Gemüse- und Obstgarten anlegen? Beispielsweise in Manhattan, aber auch in anderen Metropolen gibt es schon länger welche – oft mit Wolken zum Anfassen.

Immer freitags ab 17 Uhr wird in Hamburg auf dem Dach einer ehemaligen und jetzt anders genutzten Tiefgarage Gemüse geschnippelt und gekocht, anschließend setzen sich die Anwesenden zusammen und essen gemeinsam. Selbst gezogenes Gemüse aus dem gemeinschaftlichen, in eineinhalb Metern Höhe existierenden Garten. Klingt romantisch, und ein bisschen ist es das auch. Aber eigentlich stecken

FÜR DIE AUFZUCHT WERDEN NUR SAMEN-FESTE SAATEN VERWENDET – MAN WILL DIE ALTEN PFLANZENSORTEN ERHALTEN ...

viel ernstere Gedanken dahinter. Es war 2011 gar nicht so einfach für den jungen Verein Gartendeck, die Unterschrift für den Mietvertrag zu bekommen. Die Initiatoren wollten in der Großen Freiheit direkt neben der Reeperbahn einen ökologisch bewirtschafteten Grünbereich schaffen. Jeder Interessent sollte an diesem Gemeinschaftsprojekt mitarbeiten und sich am Gedankenaustausch über die globale Bedeutung von Urban Gardening und Urban Farming (so nennen sich solche Projekte) beteiligen können.

Hat dann auch geklappt. Geht zu den Öffnungszeiten einfach mal vorbei, Gäste sind immer willkommen, und zu sehen gibt es genug. Auf 1300 Quadratmetern Nutzfläche werden hier über 170 verschiedene Pflanzen gezogen – Gemüse, Obst, Kräuter, alles was man anbauen und essen kann. Bienenvölker sorgen für die Bestäubung, es gibt verschiedene Kompostierungen (Wurmkiste, Heißrotte und klassischer Komposthaufen), das Gießwasser wird nach Möglichkeit bei Regen von umliegenden Dächern aufgefangen, mit Pferdemist und Grünschnitt wird gedüngt, und für den Fall, dass sich ein Spritzeinsatz gegen Schädlinge nicht vermei-

den lässt, kommt die selbst angesetzte Brennnesseljauche zum Einsatz. Für die Aufzucht werden nur samenfeste Saaten verwendet – man will die alten Pflanzensorten erhalten, an denen sich noch kein industrieller Züchter mit Ertragssteigerungsabsichten zu schaffen gemacht hat. Samenfeste Sorten sind im Gegensatz zu Hybriden in der Lage, fruchtbare Samen zu bilden, die wieder ausgesät werden können. Dieser nachhaltige Kreislauf ernährt die Menschen seit Tausenden von Jahren und sollte angesichts der mittlerweile stark bedrohten Sortenvielfalt gestützt werden. Geht mehr Öko und Bio? Wohl nicht.

Wenn ihr tatsächlich auf einen Besuch vorbeikommt, was übrigens viele Touristen tun, die abseits des Reeperbahngetöses einen Moment der Ruhe suchen, wundert euch nicht. Einen traditionell angelegten, lieblichen Garten mit knietief Mutterboden unter den Füßen werdet ihr hier nicht antreffen. Als Beete dienen Hunderte von Bäckerkisten auf Europaletten, die mit Erde gefüllt und dann bepflanzt sind. Und das, ob ihr's glaubt oder nicht, hat wirklich seinen ganz eigenen Charme.

TOMATEN-SHAKSHOUKA

Für **2** PORTIONEN

DAS ISRAELISCHE FRÜHSTÜCK FÜR CHAMPIONS IST BEI MIR UND MEINEM MÄDCHEN EIN HÄUFIGES ABENDESSEN. FÜR MICH STETS MIT EINER EXTRA PORTION HARISSA.

5 Tomaten

1 Zwiebel

1 Knoblauchzehe

1 TL Öl zum Anschwitzen

2 EL Tomatenmark

Salz

frisch gemahlener Pfeffer

Zucker

4 Bio-Eier

Vollkornbrot

1 Bund Schnittlauch

Die Tomaten vom Stielansatz befreien, Zwiebel und Knoblauch schälen. Alles grob würfeln und zusammen in einem tiefen Topf in dem Öl anschwitzen. Das Tomatenmark zugeben und mit 150 ml Wasser ablöschen. Mit Salz, Pfeffer und Zucker abschmecken, zu einer grobsämigen Tomatensoße pürieren und in eine Pfanne gießen.

Die Eier vorsichtig in die Tomatensoße schlagen, sodass die Eigelbe ganz bleiben und sich nicht mit dem Eiweiß mischen – wie bei Spiegeleiern. Deckel auflegen und bei geringer Hitze stocken lassen. Nach 5 Minuten ist das Eiweiß gestockt und das Eigelb noch schön weich.

Das Brot in dünne Scheiben oder Streifen schneiden und im Ofen oder Toaster kurz anrösten.

Schnittlauch abbrausen, trocken tupfen, in Röllchen schneiden und über die Shakshouka streuen.

Ich empfehle, die Shakshouka direkt aus der Pfanne zu essen und jeden noch so kleinen Rest mit Brot aufzutunken. Guten Appetit!

TARTE DIJON

Für **3** PORTIONEN
BZW. 1 TARTEFORM (26 CM Ø)

DER HERZHAFTE BLÄTTERTEIGKUCHEN VERDANKT SEINEN NAMEN DEM KÖRNIGEN SENF, DESSEN SCHÄRFE SICH AUFS FEINSTE MIT DER FRUCHTIGKEIT DER OCHSENHERZTOMATEN VERBINDET.

Den Backofen auf 190 °C Ober-/Unterhitze (Umluft 170 °C) vorheizen. Den Blätterteig direkt aus dem Kühlschrank vorsichtig auseinanderziehen, sodass er etwas größer wird. Die Tarteform fetten und den Teig hineinlegen. Mit dem überstehenden Teig einen schönen Rand formen.

Den Senf auf dem Teigboden verstreichen. Die Ochsenherztomaten vom Stielansatz befreien, in Scheiben schneiden, kreisförmig in die Form legen und gut pfeffern. Den Gruyère reiben und die Tomaten ordentlich damit bestreuen.

Die Tarte ca. 35 Minuten im Ofen backen. Den Frühlingslauch abbrausen, trocken tupfen, in Röllchen schneiden, über die gebackene Tarte streuen und sofort heiß servieren.

Dazu passt ein grüner Salat.

1 Rolle frischer Blätterteig (Kühlregal)

4 EL grober Dijon-Senf

3 Ochsenherztomaten

frisch gemahlener Pfeffer

100 g Gruyère

1 Stange Frühlingslauch

Außerdem:

Fett für die Form

GEGRILLTE ZUCCHINI

VEGETARISCH

Für **4** PORTIONEN

AM ENDE MEINES ERSTEN AUSBILDUNGSTAGES ALS KOCH LIEF ABENDS JAMIE OLIVER IM FERNSEHEN. ERSCHÖPFT SCHAUTE ICH ZU, WIE ER FEIGEN, BURRATA UND RUCOLA ZU EINER SCHMACKHAFTEN VORSPEISE ZUPFTE. IN MEINER PRÜFUNG HABE ICH EINE VARIANTE MIT GEGRILLTER ZUCCHINI UND PAPRIKAPESTO ZUBEREITET UND EINE ORDENTLICHE PUNKTZAHL ABGERÄUMT. THANKS, JAMIE!

Für das Pesto den Ofen auf 220 °C Ober-/Unterhitze (Umluft 200 °C) vorheizen. Die Paprika vierteln und von Samen sowie Scheidewänden befreien. In einer Schüssel mit Zucker, Salz und 2 EL Olivenöl wenden und mit der Hautseite nach oben auf ein Backblech mit Backpapier legen. Im Ofen ca. 15 Minuten backen, bis die Haut dunkelbraun ist und Blasen wirft. Paprika abkühlen lassen.

In der Zwischenzeit die Pinienkerne in einer Pfanne ohne Fett rösten. Den Knoblauch schälen und durchpressen. Restliches Olivenöl, Pinienkerne, Knoblauch, Salz, Pfeffer und Parmesan miteinander pürieren und mit einem Spritzer Zitronensaft abschmecken.

Dann die Paprika häuten und das Fruchtfleisch mit dem vorgemixten Pesto pürieren.

Die Zucchini in 1/2 Zentimeter dicke Scheiben schneiden und in einer Riffelpfanne (Grillpfanne) ohne Öl von beiden Seiten rösten.

Die Burratakugeln zerzupfen und auf einer Platte anrichten. Gegrillte Zucchinischeiben dazwischen verteilen und das Paprikapesto großzügig über Burrata und Zucchini geben.

Mit Zitronenspalten und nach Wunsch mit frischem Baguette servieren.

Für das Paprikapesto:

2 rote Paprikaschoten

1 Prise Zucker

Salz

100 ml Olivenöl

4 EL Pinienkerne

1 Knoblauchzehe

frisch gemahlener Pfeffer

3 EL geriebener Parmesan

1 Spritzer Zitronensaft

2 Zitronen, in Spalten geschnitten

Außerdem:

2 Zucchini

4 Burratakugeln

VEGAN

KÜRBIS-VANILLE-SUPPE MIT KERNÖL

Für **4** PORTIONEN

HOKKAIDOKÜRBIS IST EIN DANKBARES GEMÜSE. ER HAT EINE DÜNNE, FESTE SCHALE, DIE BEIM KOCHEN WEICH WIRD UND DAHER MITGEGESSEN WERDEN KANN. SPART MIR DAS AUFWENDIGE SCHÄLEN UND IST DESHALB MEIN LIEBLINGSKÜRBIS.

1 mittelgroßer Hokkaidokürbis

2 kleine Möhren

1 Zwiebel

Olivenöl zum Anschwitzen

1/2 Knoblauchzehe

1 frische kleine rote Chilischote

1 Pck. Vanillezucker

1 Vanilleschote

800 ml Gemüsebrühe

2 Pimentbeeren

2 Wacholderbeeren

2 Lorbeerblätter

1 Dose Kokosmilch (400 ml)

Salz

frisch gemahlener Pfeffer

frische Petersilie

4 EL Kürbiskernöl

Kürbis vierteln und von Strunk, Kernen und Fasern befreien. Möhren und Zwiebel schälen und grob würfeln.

In einem Topf etwas Olivenöl erhitzen und das Gemüse und die Zwiebel darin anschwitzen. Knoblauch schälen und wie die Chili fein würfeln. Beides zugeben und 3–4 Minuten mitrösten, bis alles eine leichte Färbung bekommt. Mit Vanillezucker bestreuen und kurz bei hoher Temperatur unter Rühren karamellisieren.

Die Vanilleschote der Länge nach aufschlitzen, das Mark herauskratzen und mitsamt der Schote zum Gemüse geben. Mit Gemüsebrühe ablöschen, Piment- und Wacholderbeeren sowie Lorbeerblätter hinzugeben und das Gemüse weich garen. Anschließend pürieren, aber vergesst nicht, die Vanilleschote und die Gewürze vorher rauszunehmen.

Die Kokosmilch zugießen und die Suppe mit Salz und Pfeffer abschmecken. Die Petersilie abbrausen, trocken tupfen, die Blättchen von den Stängeln zupfen und fein hacken. Die Suppe mit Kürbiskernöl und gehackter Petersilie servieren.

VEGANE PUFF-BOHNENPASTA

JUNGES GEMÜSE AUS DER GROSSEN FREIHEIT IN ST. PAULI ? UND DANN HEISSEN DIE HÜLSENFRÜCHTE AUCH NOCH PUFFBOHNEN? SACHEN GIBT'S …

Für den Teig:

660 g Hartweizengrieß

1 EL Salz plus etwas zum Kochen

Für das Haselnuss-Kräuter-Pesto:

4 EL Pinienkerne

2 Handvoll gemischte Kräuter
(z.B. Petersilie, Dill, Fenchelkraut,
Estragon) und Rucola

6 EL Haselnussblättchen

1 TL Salz

1 TL frisch gemahlener Pfeffer

3 EL Olivenöl

Für die Bohnen:

500 g gepalte Puffbohnen
(1,5 kg Nettogewicht)
oder Gemüse der Saison

Olivenöl zum Anbraten

Für den Teig den Hartweizengrieß in eine große Schüssel geben und eine Mulde in der Mitte formen. 330 ml sehr warmes Wasser langsam in die Mulde gießen und nach und nach mit dem Grieß und dem Salz zu einem geschmeidigen Teig verkneten. Den Teig aus der Schüssel nehmen und nochmals 10 Minuten auf der Arbeitsfläche kräftig durchkneten. Den Teig zu einer Kugel formen, in Frischhaltefolie wickeln und 30 Minuten im Kühlschrank ruhen lassen.

In der Zwischenzeit für das Haselnuss-Kräuter-Pesto die Pinienkerne in einer Pfanne ohne Fett rösten, bis sie zu duften beginnen. Die Kräuter abbrausen, trocken tupfen, die Blättchen von den Stängeln zupfen und fein hacken. Den Rucola putzen und fein hacken. Pinienkerne, Kräuter und Rucola mit Haselnussblättchen, Salz, Pfeffer und Olivenöl mit dem Pürierstab zu einem schmackhaften Pesto verarbeiten.

Den Nudelteig sehr dünn ausrollen, das geht am besten mit der Nudelmaschine, und zu Nudeln von beliebiger Größe und Form schneiden.

Die gepalten Puffbohnen in einer Pfanne mit etwas Olivenöl anbraten.

Einen großen Topf mit Salzwasser aufkochen, die Hitze reduzieren und die Nudeln im leise köchelnden Wasser je nach Größe und Form in 3–4 Minuten garen. Mit dem Sieblöffel herausholen und sofort anrichten. Oder abschrecken und später verwenden, dann auch gerne etwas mehr al dente kochen, also mit Biss.

2–3 EL Pesto zum Gemüse geben, dann die frische Pasta hinterher. Ein Schluck vom Nudelwasser verleiht der Pasta einen schönen Glanz und der Soße Sämigkeit.

Hier tut eine Nudelmaschine gute Dienste.

MARONEN-RISOTTO

Für **4** PORTIONEN

EINER MEINER LIEBLINGSKÖCHE, GENNARO CONTALDO, HAT MAL GESAGT: „THE WINE YOU DRINK, THE WINE YOU COOK." UND SO HALTE ICH DAS AUCH. NEHMT EINEN GUTEN WEIN FÜR DIESES REIS-GERICHT UND BLEIBT AM HERD STEHEN. DENN NICHTS IST SCHLIMMER ALS EIN ANGEBRANNTES RISOTTO. FÜR DEN GESCHMACK UND DEN, DER ABWÄSCHT.

Die Gemüsezwiebel und die Knoblauchzehe schälen, klein schneiden und in etwas Olivenöl glasig anschwitzen. Die Maronen hacken und zusammen mit dem Risottoreis zugeben. Jetzt muss immer wieder gut gerührt werden, die Maronen geben viel Stärke ab.

Zwischendurch den unteren Teil der Pilzstiele entfernen, die Stiele klein hacken und zum Reis geben. Mit etwas Gemüsebrühe oder Wasser ablöschen und reduzieren lassen. Anschließend Wein angießen und wieder reduzieren. Das Prozedere so lange durchführen, bis alle Flüssigkeit verbraucht ist und der Reis noch etwas Biss hat.

In der Zwischenzeit die Kräuter abbrausen, trocken tupfen, die Blätt-chen von den Stängeln streifen und fein hacken. Den Parmesan reiben und die Pilzköpfe grob hacken. Den Topf von der Platte nehmen und Pilzköpfe und Kräuter unter den Reis heben.

Mit kalter Butter und Parmesan zu einem schlotzigen Risotto verarbei-ten und mit Salz und Pfeffer abschmecken. Direkt servieren.

1 Gemüsezwiebel

1 Knoblauchzehe

Olivenöl zum Anschwitzen

100 g blanchierte Maronen (vakkuumverpackt)

200 g Risottoreis

4 Kräuterseitlinge

300 ml Gemüsebrühe oder Wasser

300 ml Weißwein (Silvaner, Riesling oder Weißburgunder)

1 Rosmarinstängel

1 Thymianstängel

120 g Parmesan

120 g kalte Butter

Salz

Frisch gemahlener Pfeffer

FLEISCH

————— • —————

GALLOWAYS VON
DEN WEIDEN JORKS

Nice to meat you

Wenn man die urigen Galloway-Rinder von Wilhelm Braack genüsslich grasend auf der Weide beobachtet, kann man sich schon wie in eine andere Zeit versetzt fühlen. Die kuschelig aussehenden Tiere bleiben praktisch das ganze Jahr draußen. Sie wachsen ihrer Rasse entsprechend besonders langsam und werden am Ende ihres friedlichen Lebens schonend und respektvoll geschlachtet. Das schmeckt man!

MÜNCHHOF

ALTES LAND

▶→ Zugegeben, es klingt auf den ersten Blick schon etwas widersinnig und herzlos, dass man die Tierrassen, die man erhalten will, fleißig aufessen soll. Aber es ist tatsächlich so. Dahinter steckt ganz einfach das ökonomische Prinzip, nach dem sich nur dann die Zucht von Tieren lohnt, wenn es nachher auch Abnehmer gibt – weil sie Fleisch liefern. Beispielsweise von den alten Rinderrassen waren viele irgendwann nicht mehr gefragt, weil sie etwa zu langsam wuchsen, zu wenig Fleisch hergaben oder aus anderen Gründen der Fleischindustrie nicht genug Profit einbrachten. Deshalb gibt es von ihnen nur noch vergleichsweise wenige. Sehr bedauerlich. Die Galloway-Rinder gibt es aber noch, und gottlob werden es wieder mehr. Sie waren ins Hintertreffen geraten, weil sie viel langsamer Fleisch an-

setzen als andere Rassen und darum länger brauchen, bis man sie schlachten kann. Nach und nach aber spricht sich herum, dass ihr Fleisch ganz fantastisch schmeckt, da hält kaum ein anderes Rind mit. Ihr müsst es wirklich einmal probieren! Vorausgesetzt, die Tiere werden artgerecht gehalten und anschließend schonungsvoll geschlachtet. Wilhelm Braack in Jork im schönen Alten Land bei Hamburg kann man in beiden Punkten voll und ganz vertrauen. Seine 270 Galloways stehen praktisch wild lebend das ganze Jahr über auf insgesamt 230 Hektar Land und sind kerngesund. Krankheiten wie bei Massentierhaltungen in Wahnsinnsställen können bei ihm praktisch nicht auftreten. Und beim Schlachten tut Wilhelm Braack – er hat früher selbst viel geschlachtet – alles, um den Tieren jede Art von Stress

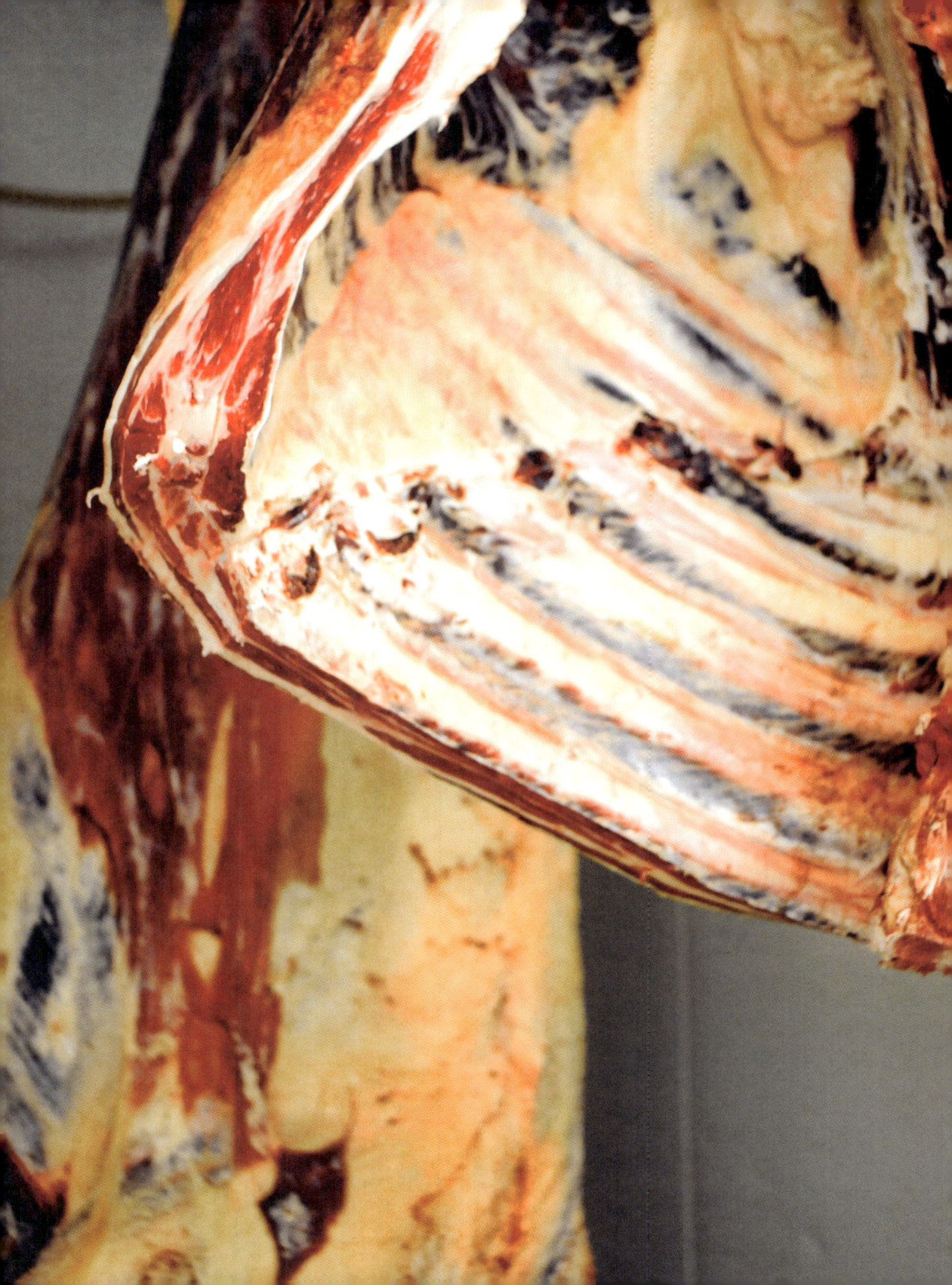

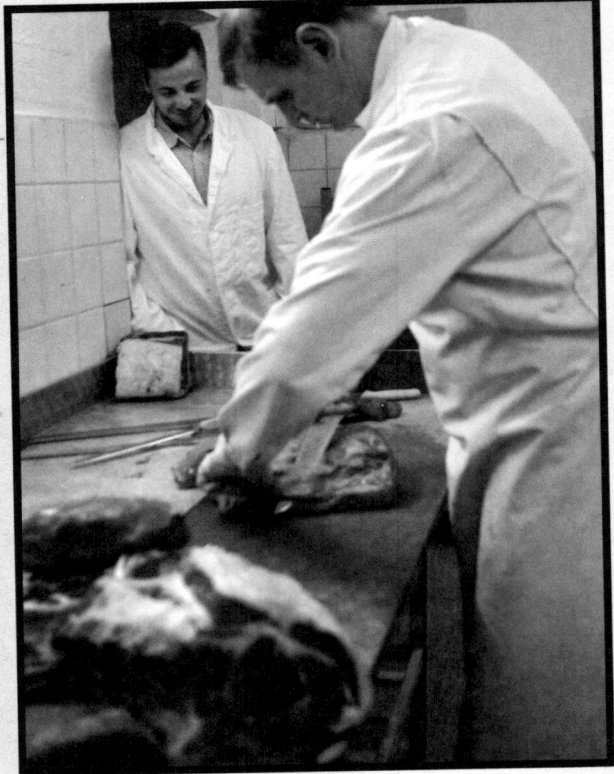

zu ersparen (dazu gleich noch etwas mehr). Damit sind bereits zwei ganz wichtige Voraussetzungen erfüllt, dass die Steaks nachher einfach himmlisch schmecken.

Auch die Rasse selbst spielt in puncto Fleischqualität eine große Rolle. Galloways stammen aus Schottland und gehören zu den beiden ältesten Urrassen überhaupt. Ihr Fleisch zeichnet sich durch eine besonders gute Fettverteilung aus, Fachleute nennen das Marmorierung. Fett ist nämlich ein großartiger Aromaträger, außerdem macht es jedes Stück wunderbar saftig und zart. Tiere, die frisches Grün von der Weide zupfen dürfen und kein Kraftfutter oder sonst et-

was fressen müssen, bekommen dadurch die natürlichen Aromastoffe, reichlich Chlorophyll und ungesättigte Fettsäuren. Ihr Fleisch erhält so mehr Vitamin A und Omega 3-Fettsäuren. Darum verteilt sich das Fett besser.

Galloways bewegen sich am liebsten in Gesellschaft ihrer Artgenossen, erkennen aber „ihren" Menschen, in diesem Fall Wilhelm Braack, ganz genau. An seinem Wesen, seinen Bewegungen, seiner Stimme, „an meiner Jacke sogar", wie er sagt. Und jetzt noch einmal zurück zum Schlachten: Es ist eine wissenschaftlich erforschte Tatsache, dass Stress, der durch lange Transporte, rüden Umgang mit den Tie-

MEIST MUSS DIE 21 JAHRE ALTE KUH DAGMAR
DAS ANDERE RIND, DAS DRAN GLAUBEN MUSS,
BEGLEITEN, DAMIT ES SICH IN VERTRAUTER
GESELLSCHAFT BEFINDET.

ren und Todesangst entsteht, ganz erheblich die Qualität des Fleisches verdirbt – dann kann es nachher nicht mehr richtig reifen. Deshalb macht Wilhelm Braack es so: Er fährt die Tiere von seinem Münchhof zu einem bestimmten Schlachter seines Vertrauens bei ihm um die Ecke. Und zwar nie eins allein, weil es Herdentiere sind. Meist muss die 21 Jahre alte Kuh Dagmar das andere Rind, das dran glauben muss, begleiten, damit es sich in vertrauter Gesellschaft befindet. Sobald es aus dem Hänger geführt wird, dürfen der Schlachter und seine Mitarbeiter nicht mehr sprechen. Einfach genial: „Die Tiere hören in ihrem

Leben meine Stimme als erste, und sie sollen sie auch als letzte hören, alles andere würde sie irritieren," erklärt der Züchter. Selbst in dem Moment, in dem zur Betäubung der Bolzenschuss angesetzt wird, ahnt das Tier noch nichts von seinem Schicksal und bleibt ganz ruhig. Dagmar und Wilhelm Braack sind bei ihm.
Der Münchhof ist übrigens bio-zertifiziert. Das Fleisch und diverse Wurstsorten kann man im Hofladen kaufen oder über das Internet bestellen. Hinfahren ist natürlich viel interessanter, da kann man die Tiere bestaunen!

PFUNDSKERL RIB EYE

Für 3-4 PORTIONEN

DAS STEAK AUS DER HOCHRIPPE IST JA AN SICH SCHON EINE FEINE SACHE. IN DER EXTRAGROSSEN DREI-PFUND-VERSION VOM GALLOWAY ABSOLUT UNSCHLAGBAR. DER REINE RINDERWAHNSINN.

Heizt den Grill auf 250 °C vor und grillt das kalt abgespülte und trocken getupfte Rib Eye von allen Seiten gut an. Dann nehmt ihr das Fleisch von der Flamme und schaltet den Grill auf 110 °C herunter. Jetzt kommt das Kernthermometer ins Spiel: Steckt es mit der Nadel in die Fleischmitte und mahlt frischen Pfeffer auf das Fleisch.

Schneidet nun die gewaschenen, aber ungeschälten Kartoffeln in Spalten, wässert sie 5 – 10 Minuten in kaltem Wasser und gebt sie gut abgetrocknet in eine Schüssel. Mariniert die Wedges in der Schüssel mit Olivenöl, Salz und Pfeffer und packt die Spalten zu dem Steak auf den Grill.

Wenn das Fleisch eine Kerntemperatur von 50 °C erreicht hat, auch den geputzten grünen Spargel auf den Grill legen und, genau wie die Kartoffeln, regelmäßig wenden.

Das Fleisch ist perfekt (medium) bei 55 – 60 °C Kerntemperatur. Wer es lieber etwas roher mag, erhitzt es nur auf 52 °C Kerntemperatur.

Das Fleisch nun salzen, mit der Butter einpinseln und dann mit Kartoffeln und Spargel servieren.

Das beste Ergebnis erzielt ihr mit einem Grill, der eine gute Temperaturregelung hat.

1,5 kg Rib Eye Steak (hier vom Galloway Rind)

frisch gemahlener Pfeffer

500 g festkochende Kartoffeln

4 EL Olivenöl

grobes Salz

2 Bund grüner Spargel à 250 g

1 EL zimmerwarme Butter

Außerdem:

Kernthermometer

GEGRILLTER TAFELSPITZ

Für **4** PORTIONEN

WENN ICH EINEN BESUCH ZU HAUSE PLANE UND MEINE FRAU MAMA MICH FRAGT, WAS ICH ESSEN MÖCHTE, BEKOMMT SIE MEIST DIE IMMER GLEICHE ANTWORT: TAFELSPITZ. IM SOMMER BEVORZUGE ICH DIE MIT MEERRETTICH MARINIERTE UND GEGRILLTE VARIANTE.

1 kg Tafelspitz

Saft von 3 Limetten

5 EL Honig

frisch gemahlener Pfeffer

1 kleines Glas geriebener scharfer Meerrettich (100 g)

1 EL Salz

Den Tafelspitz kalt abspülen und ganz trocken tupfen. Den Limettensaft mit Honig, Pfeffer und Meerrettich verrühren. Das Fleisch darin ca. 1 Stunde marinieren.

Den Tafelspitz auf der Fettseite auf dem vorgeheizten Grill 25 Minuten indirekt angrillen. (Das Fleisch liegt dabei nicht über der Glut, sondern über einer mit Wasser gefüllten Tropfschale.)

Anschließend das Fleisch wenden und nochmals 5 Minuten bei direkter Hitze grillen.

Dann das Fleisch in Alufolie wickeln und 6–7 Minuten ruhen lassen.

Dünn aufschneiden und salzen.

Mit Salat servieren.

CORDON BLEU À LA TARTERIE

FÜR 4 PORTIONEN

DIESES GERICHT STEHT SEIT DEM ERSTEN TAG AUF UNSERER SPEISEKARTE UND IST DORT NICHT MEHR WEG-ZUDENKEN. MAN MUNKELT, ES GAB GÄSTE, DIE GLEICH MEHRERE PORTIONEN BESTELLT UND GEGESSEN HABEN.

Das Kalbsfilet kalt abspülen, trocken tupfen, in 8 gleich große Scheiben schneiden und zwischen 2 Gefrierbeuteln mit einer kleinen, schweren Pfanne platt klopfen. Den Käse reiben.

Auf der Hälfte der Scheiben den Schinken und den geriebenen Käse verteilen, eine Prise Salz und eine gute Portion frischen Pfeffer darübergeben. Mit den übrigen Fleischscheiben bedecken und mit der Hand vorsichtig andrücken.

Die Fleischtaschen nach und nach zuerst gut in Mehl wenden, damit die Eiersahne am Fleisch haften kann (auch die Seiten). Jetzt Eier und Sahne miteinander verquirlen und die bemehlten Fleischtaschen groß-zügig darin wenden.

Pro Cordon Bleu 3 Handvoll Cornflakes auf einem Teller zerbröseln, die Cordon Bleus aus der Eiermischung direkt in die Cornflakes legen und darin ordentlich panieren. Mit etwas Druck mehrfach in den knusprigen Flakes wenden und andrücken.

Die Cordon Bleus in Butterschmalz ausbacken.

Dazu einen Salat servieren.

600 g Kalbsfilet

150 g Hartkäse (z. B. Gruyère)

4 Scheiben Kochschinken

Salz

frisch gemahlener Pfeffer

etwas Mehl zum Panieren

3 Bio-Eier

3 EL Sahne

12 Handvoll Cornflakes ohne Zucker

Butterschmalz zum Ausbacken

MAULTASCHEN-SALAT

Für **8** PORTIONEN

BEIM GEMEINSAMEN KOCHEN MIT MEINEM LIEBEN KOLLEGEN STEVAN PAUL WAR DIES DIE VORSPEISE EINES MEHRGÄNGIGEN MENÜS MIT DEM MOTTO „HALT'S MAULTÄSCHLE", BEI DEM SICH ALLES UM DIE BADISCH-SCHWÄBISCHE FREUNDSCHAFT UND DIE BELIEBTEN „HERRGOTTSBSCHEISSERLE" DREHTE.

Alle Zutaten für den Nudelteig kräftig per Hand zu einer homogenen Pastakugel kneten. Durch die Wärme der Hände verbindet sich das Klebereiweiß. In Frischhaltefolie wickeln und 30 Minuten in den Kühlschrank legen.

Währenddessen die Zwiebel und den Knoblauch schälen, die Zwiebel hacken und den Knoblauch durchpressen. Die Speckwürfel mit den Zwiebeln und dem Knoblauch in einer Pfanne mit heißem Öl auslassen. Den Spinat waschen und grob hacken. Die Petersilie abbrausen, trocken tupfen, die Blättchen abzupfen, zusammen mit dem Spinat hinzugeben und kurz mit anschwitzen.

Kalbs- und Schweinefleisch kalt abspülen, trocken tupfen, grob würfeln und mit Salz, Pfeffer und der Speckmischung vermengen. Alles zusammen durch den Fleischwolf drehen und zu einer homogenen Farce wolfen.

Den Nudelteig mit einer Nudelmaschine zu einer mindestens 25 Zentimeter langen Teigbahn ausrollen.

Die Farce auf der Nudelplatte verteilen, dabei am oberen, linken und rechten Rand ca. 2 daumenbreit Platz lassen.

Das Ei mit 2 EL Wasser verrühren und die frei gebliebenen Ränder kräftig damit einpinseln.

Jetzt von unten her ca. 8 Zentimeter breit zwei- bis dreimal übereinanderfalten, bis man einen langen Strang vor sich hat. Die Ränder gut andrücken, damit die Maultaschen beim Kochen nicht aufgehen. Die Maultaschen mit einem Kochlöffelstil von links nach rechts in regelmäßigen Abständen von 8 Zentimetern kräftig eindrücken, damit sich der Teig verbindet, jedoch nicht ganz bis auf die Arbeitsplatte durchdrücken.

Die Teigtaschen mit einem Messer voneinander trennen und noch mal überprüfen, ob alle Seiten geschlossen sind. In siedendem Salzwasser 5–6 Minuten köcheln lassen.

Für die Vinaigrette Radieschen putzen, Schalotten schälen und Schnittlauch abbrausen und trocken tupfen. Alles fein hacken und mit Öl, Essig, Senf und Zucker verrühren.

Die fertigen Maultaschen in Streifen schneiden und unter die Vinaigrette heben. Anrichten und lauwarm servieren.

Für den Nudelteig:

4 Bio-Eier

200 g Weizenmehl (Type 405)

200 g Hartweizengrieß

1 TL Salz plus etwas zum Kochen

Für die Füllung:

1 große Zwiebel

2 Knoblauchzehen

3 EL Speckwürfel

Öl zum Braten

2 Handvoll Spinat

1 Handvoll krause Petersilie

200 g Kalbsfleisch

200 g Schweinefleisch

3 EL Salz

frisch gemahlener Pfeffer

1 Ei

Für die Vinaigrette:

5 Radieschen

4 Schalotten

1 Bund Schnittlauch

100 ml Rapsöl

60 ml Weißweinessig

1 TL Senf

1 TL Zucker

FRENCH HOT DOG

Für **10-12** HOT DOGS

WAS MACHEN SELBSTGEMACHTE LAMMBRATWÜRSTE IN EINEM KAPITEL ÜBER RINDER? NUN, DER MÜNCHHOF IN JORK VERKAUFT AUCH EXZELLENTES LAMMFLEISCH AUS EIGENER ZÜCHTUNG – DA KONNTE ICH NICHT WIDERSTEHEN.

Für die Merguez:

1 kg Lammschulter

1 Zwiebel, 3 Knoblauchzehen

2 EL gemahlener Kreuzkümmel

2 EL Paprikapulver (rosenscharf)

Je 2 EL Salz
und frisch gemahlener Pfeffer

1 EL Harissa

1 EL gemahlene Kurkuma

22er- oder 28er-Naturdärme

Für das Topping:

1 Knoblauchzehe, 1 Schalotte

Öl zum Braten

200 ml Weißwein

1 große Dose Sauerkraut
(850 g Abtropfgewicht)

1 Lorbeerblatt

2 EL körniger Dijon-Senf

Für den Fenchelketchup:

2 EL Fenchelsamen

1 EL Zucker

100 ml weißer Balsamico

200 ml Cola

1 Zwiebel

800 g stückige Tomaten (Dose)

evtl. etwas Maisstärke

Außerdem:

Brioches (Rezept S. 64)

Die Lammschulter kalt abspülen, trocken tupfen, auslösen und grob würfeln. Die Zwiebel und den Knoblauch schälen, grob zerkleinern, mit dem Fleisch in den Wolf geben und zu Brät verarbeiten.

Alle Gewürze in heißem Wasser anrühren, so lassen sie sich besser im Brät verteilen, und gut mit dem Brät vermischen. Alles in eine Küchenmaschine mit Wurstaufsatz geben, den Darm über den Aufsatz stülpen und ca. 20 Zentimeter lange, dünne Würstchen füllen. Beim Wursten ist es wichtig, dass jede Wurst ordentlich abgedreht wird (abwechselnd links und rechts herum, so drehen sich die Würste nicht mehr von alleine auf).

Die Würste abgedeckt beiseitepacken.

Für das Topping den Knoblauch und die Schalotte schälen und klein schneiden. In einem Topf etwas Öl erhitzen und beides darin glasig andünsten. Mit Weißwein ablöschen und das Sauerkraut, das Lorbeerblatt sowie den Dijon-Senf hinzugeben. Abgedeckt bei geringer Hitze ca. 30 Minuten ziehen lassen.

In der Zwischenzeit den Brioche-Teig vorbereiten.

Für den Fenchelketchup die Fenchelsamen in einer Pfanne ohne Öl anrösten. Zucker hinzugeben und bei hoher Temperatur unter Rühren kurz karamellisieren lassen. Mit Balsamico und Cola ablöschen. Die Zwiebel schälen, hacken und zusammen mit den Tomaten hinzugeben. Gut einkochen und nach 10–15 Minuten pürieren. Bei Bedarf mit etwas Maisstärke binden.

Wenn die Brioche-Hot-Dog-Buns in den Ofen kommen, eine Pfanne für die Merguez erhitzen und bei mittlerer Hitze mindestens 15 Minuten in Öl anbraten.

Die ofenwarmen Brioches aufschneiden und innen mit Fenchelketchup bestreichen. Je eine Merguez ins Brötchen geben und mit Dijon-Senf-Sauerkraut bedecken.

Längs halbierte Butterbrot-Tüten eignen sich perfekt als Hot-Dog-Papier!

KÄSE

AUS NIEDERSACHSEN

Die Reifeprüfung

Wer handgemachten Rohmilchkäse liebt, ist bei der Jithofer Käserei an der richtigen Adresse. Dort entstehen nach alter Tradition und unter ausschließlichem Einsatz von Naturlab rund zwanzig unterschiedliche Käsesorten aus Kuh- und Ziegenmilch. Für die Betreiber Klaus Tipke und Annette Alpers-Tipke beginnt die Produktion bereits mit der richtigen Fütterung ihrer Tiere, verkauft wird stilecht im eigenen Hofladen. Hier stammt wirklich alles aus einer Hand.

JITHOFER KÄSEREI

BARGSTEDT BEI STADE

→ Beim Stichwort Rohmilchkäse kommt wahrscheinlich auch euch gleich Frankreich in den Sinn, und kaum ein Mensch denkt spontan an die guten Käsesorten aus den eigenen Landen. Darum für alle, die es noch nicht wissen: Erstens, es gibt deutschen Rohmilchkäse und zwar gar nicht so selten. Zweitens, einige Sorten sind so hervorragend, dass man nach dem ersten Probieren vielleicht gar nichts anderes mehr haben will. In der kleinen Gemeinde Bargstedt zwischen Hamburg und Bremen macht die Jithofer Käserei richtig leckere Sachen. Hier kommt erfreulicherweise alles aus einer Hand, und handwerkliches Können ist natürlich auch mit im Spiel.

Normalerweise lassen sich Unternehmen, die Käse herstellen, die Milch aus der Molkerei bringen und legen dann damit los. Gegen Molkereimilch ist grundsätzlich gar nichts einzuwenden. Aber in den Werken läuft es so, dass Unmengen von Milch von unzähligen Kühen aus allen möglichen Erzeugerbetrieben zusammengeschüttet werden. Das ist so, als würde man verschiedene Biersorten aus mehreren Brauereien mischen: absolut trinkbar und keinesfalls ungesund, aber irgendwie durchschnittlich und ohne Seele. Außerdem wird die Milch pasteurisiert (um Mikroorganismen auszuschalten, damit sich die Milch länger hält) und homogenisiert (damit sich das enthaltene Fett besser verteilt und sich nicht oben als Sahne absetzt). Wer wäre da nicht überrascht, dass bei diesen Behandlungsmethoden noch ein Stück Geschmack auf der Strecke bleibt? Eine solche Milch ist jedenfalls das Gegenteil von naturbelassen.

Bei der Jithofer Käserei, wo jeder Feinschmecker hinfahren und sich selbst überzeugen kann, sieht man im Sommer auf den Weiden rund 80 Braunviehkühe (im Winter natürlich im Stall) grasen – alle gehören der Käserei. Die Rasse stammt aus der Alpenregion und wurde ausgewählt, weil die Milch dieser Tiere eine besonders vorteilhafte Eiweißzusammensetzung hat. Außerdem kann man sich in großzügig angelegten Ställen die rund 80 eigenen Ziegen ansehen, die geben nämlich auch Milch – für feinen Ziegenkäse. Alle Milch wird weder pasteurisiert

noch homogenisiert – beste Voraussetzungen für köstlichen Rohmilchkäse. Keine Frage, dass Klaus Tipke und Annette Alpers-Tipke, die die Käserei betreiben, die Tiere zum Melken nicht fremden Händen überlassen, sondern auch das selbst erledigen.
Im Hofladen stehen 15 Käsesorten aus Kuh- und sechs bis sieben aus Ziegenmilch im Regal. Vom Camembert über Munster über Schnitt- bis Weichkäse. Mal mit Ringelblume, Kräutern, buntem Pfeffer, Bockshornklee oder anderen Zutaten verfeinert. Alle Sorten reifen mindes-

ALLE MILCH WIRD WEDER PASTEURISIERT NOCH HOMOGENISIERT – BESTE VORAUSSETZUNGEN FÜR KÖSTLICHEN ROHMILCHKÄSE.

tens sechs Wochen, die mit deftigem Rotschmier drei Monate bis zu einem Jahr. Alle werden übrigens unter Verwendung von Naturlab hergestellt, welches man aus Kälbermägen gewinnt. So wie früher also. Ganz streng genommen ist dieser Käse also nicht vegetarisch. Offenbar schmeckt der Käse nicht nur besser als vieles andere von den Verkaufstheken (an abgepackte Ware wollen wir jetzt gar nicht erst denken), sondern ist auch besser bekömmlich. Einige Kunden haben schon erklärt, dass sie nur diesen Käse vertragen.

Da fällt es einem wirklich schwer zu verstehen, warum die Milch für diese köstlichen Delikatessen von den Bürokraten als „das unveränderte Gemelk von Nutztieren" bezeichnet wird. In der EU gibt es sogar Eiferer, die den Rohmilchkäse am liebsten ganz verbieten würden. Wegen gesundheitlicher Risiken im Zusammenhang mit den enthaltenen Bakterien. Als Konsequenz gäbe es gegebenenfalls wieder ein kulinarisches Highlight mit langer Tradition weniger. Das wäre doch mehr als schade, oder?

LINSENSALAT MIT ZIEGEN-KÄSERÖLLCHEN

Für **4** PORTIONEN

EIN ALL-TIME-FAVORITE AUF DER SPEISEKARTE MEINES BISTROS IN ST. PAULI. AN GUTEN TAGEN OFTMALS SCHON AM FRÜHEN ABEND AUSVERKAUFT. FÜR SOLCHE NOTFÄLLE VERRATE ICH HIER DAS REZEPT ZUM SELBERMACHEN.

Für den Salat die Linsen in reichlich Wasser ohne Salz bissfest kochen. Das dauert 15–20 Minuten. Paprika und Frühlingslauch putzen, Zwiebel und Knoblauch schälen und alles getrennt voneinander fein würfeln. Den Schnittlauch abbrausen, trocken tupfen und in Röllchen schneiden. Paprika, Frühlingslauch, Zwiebel, Knoblauch und Schnittlauch mit Gemüsebrühe, Essig und Öl zu einer Vinaigrette verrühren, mit Salz und Pfeffer abschmecken. Die warmen Linsen zugeben und gut vermengen. Besonders gut schmeckt der Salat, wenn er eine Nacht durchziehen kann.

Die Ziegenkäserollen in 8 gleich große Stücke teilen, mit je einem kleinen Rosmarinstängel belegen und mit dem Speck umwickeln. Von allen Seiten in wenig Öl anbraten. Achtet darauf, die Teile zuerst mit der Nahtseite nach unten anzubraten, damit sich der Speck beim Umdrehen nicht abwickelt.

Ziegenkäseröllchen zusammen mit dem lauwarmen Linsensalat servieren und mit Honig beträufeln.

Für den Salat:

200 g Belugalinsen

1 rote Paprikaschote

1 gelbe Paprikaschote

1 Stange Frühlingslauch

1 rote Zwiebel

1 Knoblauchzehe

1 Bund Schnittlauch

50 ml Gemüsebrühe

50 ml Weißweinessig

70 ml Olivenöl

Salz

frisch gemahlener Pfeffer

Für die Ziegenkäseröllchen:

2 kleine Ziegenkäserollen à 200 g

8 kleine Rosmarinstängel

8 Scheiben Bauch- oder Frühstücksspeck

wenig Öl zum Braten

Außerdem:

4 TL Honig zum Beträufeln

FLAMMKUCHEN MIT ZIEGENKÄSE UND PFIRSICH

Für 4 PORTIONEN

BEI UNS IN DER TARTERIE ALS TARTE FLAMBÉE MADEMOISELLE DER RENNER BEI DEN MÄDELS.

Für den Teig:

500 g Weizenmehl
(Type 00 oder 405) plus etwas für
die Arbeitsfläche und das Blech

1 TL Zucker

1/2 Würfel Hefe (21 g)

5 EL Olivenöl

1 TL Salz

Für den Belag:

500 g Crème fraîche

2 Pfirsiche

400 g Ziegenkäserolle

120 g Rucola

Salz

frisch gemahlener Pfeffer

Für den Teig das Mehl in die Rührschüssel eurer Küchenmaschine geben und mit der Faust eine Mulde hineindrücken. Zucker und Hefe in 250 ml lauwarmem Wasser auflösen und die Flüssigkeit zusammen mit Öl und Salz in die Mulde kippen. Mit etwas Mehl bedecken und für ein paar Minuten ruhen lassen.

Dann den Teig mit dem Knethaken eurer Maschine zu einem elastischen Teig verkneten. Nach ca. 5 Minuten könnt ihr ihn aus der Schüssel nehmen und auf einer bemehlten Arbeitsfläche noch mal 10 Minuten mit euren Händen kräftig durchkneten. Das ist zwar anstrengend, aber die Arbeit wird belohnt.

Dem Teig gönnt ihr jetzt eine Pause und stellt ihn für 50 Minuten abgedeckt an einen warmen Ort (Wecker stellen!).

Den Ofen rechtzeitig auf 250 °C Ober-/Unterhitze (Umluft nicht geeignet) vorheizen. Ein Pizzastein im Ofen wäre perfekt. Wer den nicht hat, der legt ein Backblech mit der Wölbung nach oben in den Ofen, das hat einen ähnlichen Effekt.

Wenn der Teig seine Ruhe gehabt hat, noch einmal kräftig durchkneten und mit einem Teigschaber in 4 Teile teilen. Jede Teigkugel könnt ihr jetzt zu einer beliebigen Form rollen. Wenn ihr eine Nudelmaschine habt, könnt ihr auch längliche Teigfladen damit ausrollen. Klassisch ist er jedoch rund wie eine Pizza.

Wenn ihr den Teig schön dünn ausgerollt habt, könnt ihr mit dem Belegen anfangen. Bestreicht die Teigfläche bis 1 Zentimeter vom Rand entfernt (da kann der Teig dann schön aufgehen) ordentlich mit Crème fraîche und belegt sie fleißig mit den in Scheiben geschnittenen Pfirsichen und Ziegenkäse.

Die Flammkuchen jetzt auf einem gut bemehlten Kuchenblech oder in Springformböden in den Ofen bugsieren und dort in 5 – 6 Minuten goldbraun backen.

Mit geputztem Rucola belegen und mit Salz und Pfeffer würzen.

Meist wird bei der Käseherstellung tierisches Lab verwendet, das aus Kälbermägen gewonnen wird. Manche streiten sich deshalb darüber, ob es sich bei Käse um ein vegetarisches Produkt handelt.

ZIEGENKÄSE-OMELETTE MIT ROTER BETE

Für **4** PORTIONEN

ZIEGENKÄSE UND ROTE BETE GEHÖREN ZU MEINEN ABSOLUTEN LIEBLINGSKOMBINATIONEN. WARUM ALSO NICHT SCHON ZUM FRÜHSTÜCK GENIESSEN?

Den Ofen auf 160 °C Ober-/Unterhitze (Umluft 140 °C) vorheizen. Die rote Bete und den Ziegenkäse in Würfel, Scheiben oder Spalten schneiden – es ist erlaubt, was gefällt.

Eier, Salz und Pfeffer sowie die Sahne miteinander verquirlen und in eine große ofenfeste Pfanne mit etwas erhitztem Öl geben. Nach 2 Minuten die Herdplatte ausschalten, das Omelette mit roter Bete und Ziegenkäse belegen und für 5 Minuten in den Ofen stellen.

Je nach Gusto mit Brot, Salat und frischen Kräutern servieren.

2 große rote Bete (vorgegart und vakuumiert)

200 g Ziegenkäserolle

8 Bio-Eier

1 gute Prise Salz

frisch gemahlener Pfeffer

60 ml Sahne

Öl zum Ausbacken

ZIEGENKÄSE-FONDUE

Für **4** PORTIONEN

GIBT ES ETWAS GEMÜTLICHERES ALS MIT GUTEN FREUNDEN BROT- UND BIRNENWÜRFEL IN DENSELBEN TOPF ZU STIPPEN?

Den Hartkäse reiben und zusammen mit dem Frischkäse und der Williams Birne in einem Keramiktopf langsam schmelzen. Das Brot und die Birnen würfeln. Den Thymian abbrausen, trocken tupfen, die Blättchen von den Stängeln streifen, im Mörser kurz zerstoßen und zum Käse geben. Mit Pfeffer würzen. Brot und Birne dazu servieren.

Zu diesem simplen und würzigen Gericht passt z. B. Lardo oder Lammschinken.

500 g reifer Ziegenhartkäse

100 g Ziegenfrischkäse

5 cl Williams Birne (Obstbrand)

Sauerteig- oder Weißbrot

3 Birnen

3 Thymianstängel

frisch gemahlener Pfeffer

BRIOCHE MIT ROTE-BETE-BUTTER

Für **8** PORTIONEN

DAS SÜSSE HEFEGEBÄCK IST DIE DENKBAR BESTE GRUNDLAGE FÜR DIESEN HERZHAFTEN BROTAUFSTRICH MIT ZIEGENKÄSE UND ROTER BETE.

Für die Brioche:

3 EL lauwarme Milch

3 EL brauner Zucker

1 Würfel Hefe (42 g)

2 Bio-Eier

80 g eiskalte Butter

480 g Weizenmehl (Type 550)

2 TL Salz

Für die Rote-Bete-Butter:

1 EL Zucker

300 g zimmerwarme Butter

2 rote Bete
(vorgegart und vakuumverpackt)

1 TL Salz

frisch gemahlener Pfeffer

3 EL Olivenöl

3 EL Ziegenfrischkäse

Für die Brioche 200 ml lauwarmes Wasser, Milch, Zucker und zerbröckelte Hefe vermischen. Die Eier schaumig schlagen und dazugeben. Die Butter mit einer großen Küchenreibe raspeln, mit Mehl und Salz verrühren. Die Hefemischung zur Mehlbutter geben und 5–10 Minuten kräftig kneten, damit das Klebereiweiß aktiviert wird. 1 Stunde abgedeckt an einem warmen Ort ruhen lassen.

Dann Hot-Dog-Brötchen aus dem Teig formen, auf ein mit Backpapier belegtes Backblech legen und noch mal abgedeckt 1 Stunde ruhen lassen.

Den Ofen rechtzeitig auf 200 °C Ober-/Unterhitze (Umluft 180 °C) vorheizen. Eine Schale mit Wasser in den Ofen stellen und die Brötchen in ca. 15 Minuten goldbraun backen.

In der Zwischenzeit für die Rote-Bete-Butter den Zucker in einem kleinen Topf mit ein wenig Butter bei hoher Temperatur unter Rühren karamellisieren. Die rote Bete klein hacken und mit dem austretenden Saft und dem Saft aus der Verpackung zum Karamell geben. Mit Salz und Pfeffer würzen und etwas einköcheln lassen.

Dann die Masse fein pürieren, nach und nach das Olivenöl untermixen und abkühlen lassen. Die restliche Butter in einer Küchenmaschine mit Schneebesenaufsatz oder mit dem Handrührgerät auf der höchsten Stufe 4–5 Minuten schlagen, bis sich das Volumen verdoppelt hat. Jetzt das Püree und den Ziegenfrischkäse esslöffelweise zur Butter geben und alles gut miteinander verrühren. Mit Salz und Pfeffer abschmecken und zu den frischen Brioches servieren.

APFEL-ZIEGENKÄSE-MILLEFEUILLE

Für 2 PORTIONEN

DIE TÜRMCHEN AUS „1000 BLÄTTERN" WERDEN EIGENTLICH IN DER PATISSERIE UND AUS BLÄTTERTEIG GEFERTIGT. BEI MIR GIBT ES NUR SECHS ETAGEN, DIESE KÖNNEN ES ABER MIT JEDER SÜSSSPEISE AUFNEHMEN.

2 Granny-Smith-Äpfel

300 g Ziegenkäserolle

Für das Salatbett:

4 EL Olivenöl

3 EL Weißweinessig

Salz

frisch gemahlener Pfeffer

1 EL Honig

100 g Pflücksalat

Außerdem:

2 EL Honig zum Beträufeln

Den Backofen auf 180 °C Ober-/Unterhitze (Umluft 160 °C) vorheizen.

Die beiden Äpfel quer in je 4 Teile schneiden (Deckel, 2 Mittelstücke und Boden). Die Kerngehäuse herausschneiden. Den Ziegenkäse in 6 Scheiben à 50 g schneiden und im Wechsel mit den Apfelteilen stapeln. Beide Stapel auf ein mit Backpapier belegtes Blech geben und in den vorgeheizten Backofen schieben.

In der Zwischenzeit Olivenöl, Weißweinessig, Salz, Pfeffer und Honig zu einem Dressing verrühren, den geputzten Salat damit anmachen und auf die Teller verteilen.

Die Millefeuilles sind fertig, wenn der Käse leicht geschmolzen ist und der Apfel Farbe annimmt. Wenn es dann soweit ist, die Stapel auf den Salat setzen und mit Honig beträufeln.

Guten Appetit!

FISCH

·

VOM PLÖNER SEE

Ins Netz gegangen

Eine typische Szene in der Räucherei von Rüdiger Lasner: Die alten Öfen heizen sich langsam auf und ein angenehm-schwerer Geruch von verbranntem Erlenholz verbreitet sich im Raum. Im Inneren des Ofens hängen Makrelen, Aale, Saiblinge oder Forellen, davor herrscht freudige Erwartung auf das aromatische Ergebnis. Alle Fische wurden hier übrigens selbst gefangen.

FISCHEREI & RÄUCHEREI RÜDIGER LASNER

OSTHOLSTEIN

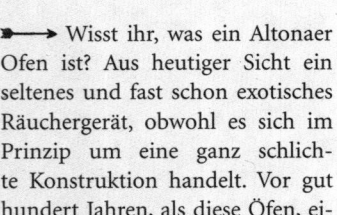 Wisst ihr, was ein Altonaer Ofen ist? Aus heutiger Sicht ein seltenes und fast schon exotisches Räuchergerät, obwohl es sich im Prinzip um eine ganz schlichte Konstruktion handelt. Vor gut hundert Jahren, als diese Öfen, eigentlich eher Kammern, in Hamburg zum ersten Mal aus Backsteinen und mordsschweren Eisentüren gebaut wurden, waren sie jedenfalls etwas ganz Normales. Sie waren, das kann man wohl so sagen, ein Produkt bzw. der Ausdruck der damaligen Situation. Im Hamburger Hafen wurde nämlich massenhaft Fisch angelandet, und weil der so unglaublich billig war, ernährten sich davon vor allem die armen Bevölkerungsteile. Möglichkeiten, den Fisch zu kühlen, gab es so gut wie gar nicht, deshalb brauchte man eine Technik, um ihn haltbar zu machen. Inzwischen sind die Öfen aus Umweltgründen – nicht selten hat der Rauch auch die Nachbarschaft eingenebelt – und weil plötzlich Hightech-Räuchern angesagt war, weitestgehend von der Bildfläche verschwunden. Im Grunde eine bedauerliche Entwicklung, stehen sie doch für „ehrliches" Räuchern. Rüdiger Lasner ist einer der Wenigen, die noch Altonaer Öfen besitzen, insgesamt sechs. Er hat sie sogar selbst gebaut, wie er stolz verkündet. Überhaupt: „Wir machen hier alles selbst, alles ohne Handwerker", sagt er. Das fängt mit dem Fischfang an. Er fährt regelmäßig raus auf den Plöner See im östlichen Schleswig-Holstein und zieht Aale, Brassen und Maränen aus dem Wasser. Forellen und Saiblinge fischt er in Teichen. „Das ist praktisch alles bio, nur eben nicht offiziell zertifiziert", sagt er. Makrelen und Lachse kauft er zu, weil es die hier natür-

lich nicht gibt. Aber ein Fischladen ohne Lachse und Makrelen, das geht nun mal nicht. Nach dem Schlachten der selbst gefangenen Fische beginnt er mit dem Räuchern. Auf dem Boden des Ofens entzündet er Holz und schließt kurz darauf die Sauerstoffklappen, damit das Holz nur noch schwelen kann. Im Ofen ist es jetzt total stickig. Dann werden die ausgenommenen und eingesalzenen Fische in den Rauch gehängt. Mit der Temperatur muss es Rüdiger Lasner ganz genau nehmen. Forellen brauchen beispielsweise 60–65 °C, Makrelen exakt 55 °C und Aale 65 °C. So ein Aal von 500–600 g benötigt bis zu vier Stunden, größere Exemplare je nach Gewicht die doppelte Zeit. Das ist

schon eine Kunst für sich! „Entscheidend aber ist nicht die Uhr ", stellt er als alter Routinier fest, „sondern mein Fingerspitzengefühl." Der Rauch bearbeitet die Fische so, dass Verderbnis erregende Bakterien erst einmal keine Chance mehr haben. Gleichzeitig gart die aufsteigende Hitze das Fischfleisch durch. Im Grunde ist das Räuchern als Methode des Haltbarmachens inzwischen völlig überholt. Aber der sehr willkommene Nebeneffekt besteht darin, dass Fisch mit Raucharoma hinter den Kiemen einfach ganz fantastisch schmeckt.
Computergesteuerte Verfahren mit Flüssigrauch, wie sie heutzutage üblich sind, gehen Rüdiger Lasner total gegen

ES MUSS ERLENHOLZ SEIN, WEIL ES DEN EIGENGESCHMACK DES FISCHES GANZ MILD UNTERSTREICHT.

die Berufsehre: „Das hat mit dem ursprünglichen und richtigen Räuchern überhaupt nichts mehr zu tun. Da wird nur an der Oberfläche der Fische lackiert und die Hitze macht sie halt gar." Klare Worte. „Im Altonaer Ofen aber dringt der Rauch tief ein und deshalb sind meine handwerklich bearbeiteten Fische viel länger haltbar. Außerdem schmecken sie milder." Auch bei der Wahl des Holzes ist er sehr genau. „Es muss Erlenholz sein, weil es den Eigengeschmack des Fisches ganz mild unterstreicht und ihn nicht übertüncht. Außerdem verleiht er den Fischen diese herrlich goldgelbe Farbe." Buche hingegen würde dem Fisch einen unangenehmen herben Nachgeschmack mitgeben, sie eignet sich

besser zum Räuchern von Wurst, Schinken und Fleisch. Seit 250 Jahren ernährt sich seine Familie von der Fischerei, früher in Ost- und Westpreußen, seit nun schon 60 Jahren am Plöner See. Man kann froh sein, dass es einen wie Rüdiger Lasner noch gibt, denn der meiste Fisch kommt längst über den Umschlagplatz Frankfurt am Main. Am besten macht man mal einen Ausflug zu seinem Betrieb und sieht sich im Hofladen um. Ach was, umsehen – durchprobieren muss man sich!

HAFENSÄNGER-SANDWICH

Für **4** STULLEN

DAS LEBEN IST ZU KURZ FÜR MIESE FISCHBRÖTCHEN. ICH HABE ZWAR KEIN REZEPT FÜR EIN LÄNGERES LEBEN, ABER ZUSAMMEN MIT MEINEM FREUND PHILIPP VON DER KIELER FISCHBAR HABE ICH AUS SELBST GERÄUCHERTER MARÄNE UND SAUERAMPFER AUS EIGENEM ANBAU DIE LECKERSTE STULLE DER WELT ZUBEREITET.

1 EL frisch geriebener Meerrettich

3 EL saure Sahne

8 Scheiben Vollkornbrot

1 Handvoll Sauerampfer

1 große geräucherte Maräne
(ca. 450 g; alternativ Forelle
oder Makrele)

1 Apfel

2 Schalotten

frisch gemahlener Pfeffer

Den Meerrettich mit der sauren Sahne verrühren und die Vollkornbrotscheiben damit auf einer Seite bestreichen.

Den Sauerampfer grob hacken, die Hälfte der Brotscheiben damit belegen und das auseinander gezupfte Fischfilet darauf verteilen. Den Apfel auf einer Küchenreibe bis zum Kerngehäuse grob reiben. Die Schalotten schälen und hacken. Beides vermischen und auf der Maräne verteilen. Frischen Pfeffer darübermahlen und die restlichen Brotscheiben darüberklappen. Leicht andrücken und entweder direkt verdrücken oder hübsch für ein Picknick verpacken. Denn leicht durchgezogen schmecken die Stullen noch etwas besser.

FISCHPESTO

Für **6-8** PORTIONEN

ALS GROSSER FAN VON ANCHOVIS HABE ICH WÄHREND EINER REISE DURCH SIZILIEN NATÜRLICH DAS PESTO PREZZEMOLO MIT KRÄUTERN UND SARDELLEN PROBIERT. IM KÜHLSCHRANK HÄLT ES MEHRERE WOCHEN UND ALLES, WAS MAN SONST NOCH BRAUCHT, SIND SPAGHETTI - NATÜRLICH AL DENTE!

Die Pinienkerne in einer Pfanne ohne Öl hellbraun anrösten. Den Parmesan fein reiben und die Kräuter und den Rucola abbrausen und trocken tupfen. Die Kräuterblättchen abzupfen, den Knoblauch schälen und alles grob hacken.

Das Olivenöl mit gerösteten Pinienkernen, Knoblauch und Sardellen mixen. Nach und nach den Parmesan, die gehackten Kräuter und den Rucola unterrühren und zu einem homogenen Pesto pürieren. Mit Salz und Pfeffer abschmecken.

100 g Pinienkerne

100 g Parmesan

1 Bund krause Petersilie

1 Bund Dill

200 g Rucola

3 Knoblauchzehen

400 ml Olivenöl

3 Gläser Sardellen in Öl

1 TL Salz

frisch gemahlener Pfeffer

ZWEIFISCHTOPF

DIESE SIMPLE PROVENZALISCHE FISCHSUPPE ESSEN SOGAR ANGSTHASEN WIE MEINE FREUNDIN. FILETS OHNE GRÄTEN, DAS GANZE FRUCHTIG TOMATISIERT – AM ENDE WILL GANZ BESTIMMT JEDER EINEN NACHSCHLAG.

4 Schalotten

2 Knoblauchzehen

1 walnussgroßes Stück Ingwer

1 kleine Fenchelknolle mit Grün

2 Zitronengrasstängel

Olivenöl zum Anschwitzen

12 Kirschtomaten

4 Rotbarbenfilets (à ca. 80 g)

400 g Lachs

Mehl zum Wenden

500 ml Weißwein

Saft von 1 Zitrone

100 ml Pernod oder Pastis

1 kg passierte Tomaten (Dose)

Salz

frisch gemahlener Pfeffer

Schalotten, Knoblauch und Ingwer schälen, Fenchel und Zitronengras putzen. Das Fenchelgrün beiseitelegen. Alles fein hacken und in 1 EL Olivenöl bei mittlerer Hitze anschwitzen. Wenn die Schalotten glasig gedünstet sind, die halbierten Kirschtomaten hinzugeben.

Die Fischfilets entgräten, kalt abspülen und trocken tupfen. In ca. 4 Zentimeter große Würfel schneiden. Gut in Mehl wenden und in ausreichend Öl anbraten.

Die Schalotten-Knoblauch-Mischung mit Weißwein ablösen, den Zitronensaft und die Hälfte des Pernods angießen. Dann die passierten Tomaten und anschließend die angebratenen Fischwürfel dazugeben, aufkochen und mit Salz und Pfeffer abschmecken. Das Ganze auf Teller verteilen. Auf jeden Teller noch 1 TL Pernod geben. Das Fenchelgrün abbrausen, trocken tupfen und fein hacken. Den Zweifischtopf damit bestreuen.

Dazu Baguette servieren.

LACHSSTEAK MIT MEDITERRANEM KARTOFFELPÜREE

Für **4** PORTIONEN

WIE IHR SICHER SCHON BEMERKT HABT: LACHS GEHT BEI MIR IMMER. GANZ EINFACH MIT KNOBLAUCH UND ZITRONE IM OFEN GEGART HABE ICH IHN AM LIEBSTEN.

Für das Kartoffelpüree:

400 g mehligkochende Kartoffeln

Salz

1 Schalotte

1 Knoblauchzehe

1 1/2 EL Olivenöl

100 ml Milch

1 EL Butter

frisch gemahlener Pfeffer

frisch geriebene Muskatnuss

2 Tomaten

1 kleines Glas schwarze Oliven ohne Stein (Abtropfgewicht 80–100 g)

Für den Lachs:

4–5 bunte Möhren (lila, orange, gelb)

1 1/2 EL Olivenöl

4 Lachssteaks

1 Knoblauchzehe

1 Zitrone

1 kleines Bund Koriander

Den Ofen auf 180 °C Ober-/Unterhitze (Umluft 160 °C) vorheizen. Für das Kartoffelpüree die Kartoffeln schälen, vierteln und in einem Topf mit Salzwasser bedeckt weich kochen. Abgießen und ausdampfen lassen. Schalotte und Knoblauch schälen und fein hacken. In einem größeren Topf das Olivenöl erhitzen und beides darin glasig andünsten. Die Kartoffeln hinzugeben, kurz mitbraten und mit der Milch ablöschen.

Für den Lachs die Möhren gründlich waschen und in walnussgroße Stücke schneiden. In einer ofenfesten Pfanne das Olivenöl erhitzen und die Möhren darin anschwitzen. Die Lachssteaks kalt abspülen und trocken tupfen. Dann die ungewürzten Lachssteaks zu den Möhren geben und von beiden Seiten kross anbraten. Den Knoblauch schälen, angedrückt hinzugeben und den Pfanneninhalt im Ofen in 8–10 Minuten fertig garen.

Die Kartoffel-Milch-Mischung für das Püree zusammen mit der Butter zerstampfen, mit Salz, Pfeffer und Muskat abschmecken. Tomaten vom Stielansatz befreien und hacken. Oliven ebenfalls hacken und beides hinzugeben.

Zu dem Püree, dem Lachs und den Möhren je eine Zitronenspalte geben. Den Koriander abbrausen, trocken schütteln, die Blättchen abzupfen, hacken und darüberstreuen.

CEVICHE MIT PAPRIKA-KALTSCHALE

Für **4** PORTIONEN

DAS MIT LIMETTE MARINIERTE FISCHTATAR DURFTE ICH WÄHREND EINES URLAUBS AUF MALLORCA KOSTEN. RONNY PORTULIDIS SERVIERTE ES MIR IN SEINEM RESTAURANT DUKE. DER BEGINN EINER ECHTEN LEIDENSCHAFT.

Den Backofen auf 220 °C Ober-/Unterhitze (Umluft 200 °C) vorheizen. Die Maräne kurz kalt abspülen und trocken tupfen. In ca. 1 Zentimeter große Würfel schneiden und mit etwas Olivenöl, der abgeriebene Schale von der Bio-Limette und dem Saft von 4 Limetten marinieren.

Die Paprika vierteln und von Samen sowie Scheidewänden befreien. Mit der Hautseite nach oben auf den Backofenrost legen und im Ofen in ca. 15 Minuten bei hoher Temperatur garen, bis die Haut dunkelbraun wird und Blasen wirft. Paprika abkühlen lassen, dann die Schale abziehen. Die Mango schälen. Das Fruchtfleisch von Paprika und Mango zusammen mit etwas Olivenöl, der Chilischote, Salz und Pfeffer zu einer homogenen kalten Suppe pürieren.

Die Schalotten schälen und fein würfeln. Den Koriander abbrausen, trocken tupfen, die Blättchen abzupfen und fein hacken.

Die Ceviche mit Schalotten, Koriander, Salz und Pfeffer abschmecken und anrichten. Dazu die in Spalten geschnittenen übrigen Limetten reichen.

Um die Ceviche etwas reichhaltiger zu gestalten, eignet sich zum Beispiel Avocado sehr gut. Ebenfalls klein gewürfelt mit unter den Fisch heben.

400 g küchenfertige frische Maräne

2 EL Olivenöl

6 Limetten, davon 1 Bio-Limette

2 rote Paprikaschoten

1 reife Mango

1 frische rote Chilischote

Salz

frisch gemahlener Pfeffer

2 Schalotten

etwas frischer Koriander

QUICHE MIT SPINAT & RÄUCHERFISCH

Für **6** PORTIONEN

NICHT NUR BEI MIR IN DER TARTERIE, SONDERN AUCH BEI DEN AUSSER-HAUS-LIEFERUNGEN IST DER RUSTIKALE KUCHEN MIT EIERN UND SAHNE SEIT DEM ERSTEN TAG UNANGEFOCHTEN AUF PLATZ 1.

Zuerst aus Mehl, Butter, Ei und Salz rasch einen deftigen Mürbeteig kneten, zu einer Kugel formen, in Frischhaltefolie wickeln und 30 Minuten in den Kühlschrank legen. Währenddessen könnt ihr die Füllung vorbereiten.

Dafür Knoblauch und Schalotte schälen und wie die Chili fein würfeln. In etwas Olivenöl anschwitzen. Gewaschenen und geputzten Spinat hinzugeben und zusammenfallen lassen. Dann 5 Kirschtomaten halbieren und zum Spinat geben. Mit Salz und Pfeffer würzen.

Den Lachs kalt abspülen, trocken tupfen und klein schneiden. Die Hitze reduzieren und den Lachs unter den Spinat heben.

Den Ofen auf 175 °C Ober-/Unterhitze (Umluft 155 °C) vorheizen.

Sahne und Eier miteinander verquirlen und mit der Spinatfüllung mischen.

Den Mürbeteig auf einer großzügig bemehlten Arbeitsfläche dünn ausrollen, die Tarteform fetten und mit dem Teig auslegen.

Die Füllung auf den Mürbeteig geben und mit den übrigen Kirschtomaten dekorieren. Die Quiche ca. 35 Minuten backen.

Für den Mürbeteig:

200 g Weizenmehl (Type 405 oder 550) plus etwas für die Arbeitsfläche

100 g kalte Butter plus Butter für die Form

1 Ei

1 Prise Salz

Für die Füllung:

1 Knoblauchzehe

1 Schalotte

1 frische rote Chilischote

Olivenöl zum Anschwitzen

200 g Spinat

10 Kirschtomaten

Salz

frisch gemahlener Pfeffer

200 g geräucherter Lachs oder anderer Räucherfisch

200 ml Sahne

5 Bio-Eier

WEIN

·

AUS NIERSTEIN

Das Traubensbekenntnis

Zurück zu den Wurzeln heißt es bei der Weinherstellung im Weingut Schätzel: Hier im rheinhessischen Nierstein wird der Wein wieder klassisch hergestellt, und das bedeutet für den Winzer Kai Schätzel vor allem, der Natur ihren Raum zu lassen. Ökologischem Arbeiten im Weinberg folgt eine lange Maischezeit sowie die Spontangärung im uralten Keller. So entstehen echte Ausnahmetropfen mit jeder Menge Charakter.

WEINGUT SCHÄTZEL

NIERSTEIN

➡ Bei Winzern, vor allem bei den jungen, beobachtet man immer wieder, dass die ihren ganz eigenen Kopf haben. Muss wohl speziell am Traditionsprodukt Wein liegen, dass sie gern alles ganz anders machen wollen als beispielsweise ihre Väter (falls die auch Winzer waren) oder Berufskollegen. Was auch völlig in Ordnung ist. Schlechte und mittelmäßige Weine gibt es schließlich genug, und wenn nicht hin und wieder einer den Mut aufbrächte, neue Wege zu gehen, hätten wir Weingenießer wohl nie die Chance, neue, moderne und richtig gute Tropfen im Glas zu haben. Kai Schätzel ist ein Paradebeispiel für die Querdenker unter den jungen Weinmachern. Auf dem von seinem Vater übernommenen Weingut im rheinhessischen Nierstein sind die neuen Wege erstaunlicherweise ganz alte. Was

die Generation der Väter machte, gefiel ihm nicht mehr. Dafür fand er es umso spannender, wie hundert Jahre zuvor gearbeitet wurde. Auf die Vorgehensweise seiner Vorfahren wurde er aufmerksam, als er überlegte, wie er unter önologischen Aspekten dem zum Rhein hin abfallenden kräftigen roten Schieferboden gerechter werden könnte. Ihm schwebten Weine mit mehr Filigranität vor. Nach der Umstellung des Betriebs produziert er jetzt ebensolche: insgesamt zehn Sorten, bestenfalls mit nur 11 Prozent Alkohol (sonst waren eher 13 Umdrehungen in der Flasche) und weniger Fruchtigkeit, dafür mit mehr Mineralität und Salzigkeit. Klingt ehrgeizig.

Natürlich macht er jetzt nicht alles ganz genauso wie früher. Aber zum Beispiel die vielen Maschinen, die im Weinberg

MITTELWERTE SIND FÜR IHN ABER MITTELMASS, UND DAS LEHNT ER RUNDWEG AB: „ICH WILL MEINE EIGENE KATEGORIE!"

und Weinkeller eingesetzt wurden, waren ihm ein Dorn im Auge. Deshalb schaffte er jede ab, die ihm irgendwie verzichtbar erschien, und läutete auf dem Weingut Schätzel ein neues Zeitalter der Handarbeit ein. So werden etwa die Reben per Hand ausgedünnt, einzelne Blätter aus der Laubwand gezupft, und bei der Lese lassen sich gezielt etwa lockerbeerige goldgelbe Trauben oder solche mit Pigmentierungen auswählen. Maschinen, sagt Kai Schätzel, könnten nicht selektieren und lieferten auch sonst nur Mittelwerte. Mittelwerte sind für ihn aber Mittelmaß, und das lehnt er rundweg ab: „Ich will meine eigene Kategorie!" Selbstbewusst muss man heutzutage schon sein, wenn man

was erreichen will. Nach der Lese werden die Beeren nicht mehr maschinell vermaischt, sondern von der Belegschaft nach alter Sitte mit Füßen zertreten. Wie sich das wohl anfühlt! Anschließend darf die Maische bis zu einer Woche lang stehen, damit die Aromen aus der Beerenhaut in den Saft übergehen. Erst dann wird sie gepresst, und ebenso gemächlich geht es weiter: Der Saft fließt per Schwerkraft und in der Regel ungefiltert vor allem in schöne, große Holzfässer im Keller, nur ein kleiner Teil landet in Stahltanks. Die Gärung setzt nach einiger Zeit durch sogenannte Naturhefen von allein ein. Der konventionelle Weinbau dagegen braucht von der Ernte bis zum Filtern nur ein paar Stunden.

Riesige Stahltanks und der Einsatz von Reinzuchthefen sind allgemein üblich. Mehr muss man zum Thema Sorgfalt und Anspruch hier wohl nicht mehr erklären.

Aber noch ein Wort zu den Beschäftigten bei Kai Schätzel. Erstens, ohne Maschinen braucht er viele Hände, die mit anfassen, logisch. Zweitens, er will keine, wie er sagt, „anonymen Mitarbeiter", sondern solche, „die verstehen, was sie tun und einen starken Bezug zu ihrer Arbeit aufbauen". Dafür muss er selbst einiges leisten, indem er vor allem, Punkt drei, sich viel um seine Leute kümmert. Nach Möglichkeit beschäftigt er nämlich arbeitslose Jugendliche, die sich meist mit großem Einsatz in die neue, vielleicht erste

Arbeit ihres Lebens stürzen. Der Winzer und seine Familie verpflegen sie an ihren Einsatzorten im Weinberg und setzen sich oft mit ihnen zusammen. Dann wird geredet, gelacht und diskutiert. „Hier geht abends keiner frustriert nach Hause, wie das in anderen Jobs oft der Fall ist. Die Arbeit im Weinberg und in unserer Gemeinschaft macht selbstbewusst." Ökologische Bewirtschaftung also nicht nur am Weinstock, sondern auch am Menschen. Geht doch!

OSSOBUCO BIANCO

Für **4** PORTIONEN

ES GAB GENAU EIN GERICHT, DAS ICH MIT MEINEM VATER GEKOCHT HABE – OSSOBUCO. OBERSTE REGEL: MAMA VERLÄSST DIE KÜCHE! UND WÄHREND DAS FLEISCH VOR SICH HIN SCHMORTE, HATTEN PAPA UND ICH JEDE MENGE ZEIT ZUM REDEN UND QUATSCH MACHEN. AUF DEM WEINGUT KAM KAI DIE IDEE, EINEN TANNINREICHEN WEISSWEIN STATT EINES ROTEN ZU VERWENDEN.

Die Kalbsbeinscheiben kalt abspülen, trocken tupfen, in Mehl wenden und im Römertopf oder im Bräter in etwas Olivenöl anbraten. Schalotten und Knoblauch schälen, alles übrige Gemüse bis auf die Tomaten putzen und klein schneiden. Das Fleisch aus dem Topf nehmen und das Gemüse darin andünsten. Kirschtomaten halbieren, zusammen mit dem Tomatenmark dazugeben und kurz mit anrösten. Mit etwas Riesling und Kalbsfond ablöschen, die Kalbsbeinscheiben zurück in den Topf geben und abgedeckt bei mittlerer Hitze 1 Stunde köcheln lassen. Immer wieder vorsichtig rühren und Wein und Fond angießen.

Nach 1 Stunde die Zitronen heiß abwaschen, trocken tupfen, mit einem Sparschäler schälen und in Scheiben schneiden. Die Scheiben in den Fleischtopf geben und die Schalen beiseitelegen. Das Fleisch ist fertig, wenn sich der Knochen von alleine löst.

Kurz vor Ende der Garzeit die Zwiebel schälen, klein schneiden und zusammen mit dem Risottoreis in einem Topf in Olivenöl anschwitzen. Mit etwas Weißwein und Gemüsebrühe ablöschen. Safran mit etwas Wein anrühren und hineingeben. Immer wieder etwas Flüssigkeit angießen und vom Reis aufnehmen lassen. Wenn der Reis noch etwas Biss hat, die Hitze reduzieren, die Butter in Flöckchen und den geriebenen Parmesan hinzugeben und schön schlotzig rühren. Mit Salz und Pfeffer abschmecken. Wenn ihr einen guten Fond und kräftigen Parmesan habt, solltet ihr im besten Falle kaum würzen müssen.

Zum Anrichten etwas Risotto auf die Teller geben, je eine Kalbsbeinscheibe mit Gemüse dazu und eine Zitronenschale über dem Fleisch ausdrücken. Die Öle aus der Schale geben ein tolles Aroma.

Für das Fleisch:

4 gleich große Kalbsbeinscheiben (à 250 – 300 g)

Mehl zum Wenden

Olivenöl zum Anbraten

6 Schalotten

5 Knoblauchzehen

1 Möhre

1 Staudensellerie

2 Stangen Frühlingslauch

20 Kirschtomaten

4 EL Tomatenmark

400 ml tanninreicher Riesling (z. B. der Querkopf von Kai Schätzel)

400 ml Kalbsfond

2 Bio-Zitronen

Für das Risotto:

1 Zwiebel

200 g Risottoreis

Olivenöl zum Anschwitzen

200 ml Weißwein (z. B. Riesling Kabinett)

200 ml Gemüsebrühe

1 Döschen Safran

100 g Butter

80 g Parmesan

Salz, frisch gemahlener Pfeffer

Für **4**

GLÄSER À 200 ML

ROTWEIN-TRAUBENGELEE

ICH LIEBE KÄSE. IN ALLEN VARIANTEN. DA ICH KEIN GROSSER FREUND VON SÜSSKRAM BIN, ORDERE ICH IN RESTAURANTS HÄUFIG EINE KÄSEPLATTE ZUM ABSCHLUSS. NEBEN ROTWEIN, GUTER BUTTER UND BROT GEHÖRT FÜR MICH AUCH IMMER EINE FRUCHTIGE KOMPONENTE DAZU. UND WAS LÄGE NÄHER, ALS TRAUBEN UND ROTWEIN MITEINANDER ZU VERBINDEN?

20 rote und weiße Trauben, gemischt

1 Flasche Rotwein (0,7 l)

3 EL Preiselbeeren

250 g Gelierzucker 3:1

Trauben halbieren, entkernen, mit allen übrigen Zutaten in einen Topf geben und unter Rühren aufkochen. 5 Minuten sprudelnd köcheln lassen und in heiß ausgespülte Marmeladengläser füllen.

Deckel zudrehen und über Kopf auf einem Küchentuch auskühlen lassen. Die Gläser noch mal mit heißem Wasser abwaschen, wenn gekleckert wurde.

KOTELETT MIT ROTWEIN-SCHALOTTEN

Für **2** PORTIONEN

„ALTE SAU" IST IN DIESEM FALL KEINE BELEIDIGUNG. DIE FAST 200 JAHRE ALTE DUROC-RASSE STAMMT AUS DEN USA UND ZEICHNET SICH DURCH EIN DUNKEL- BIS BORDEAUXROTES FLEISCH AUS.

Die Butter in einem Topf zerlassen und den Zucker darin bei hoher Temperatur unter Rühren karamellisieren. Die Schalotten schälen, aber im Ganzen lassen (sie zerfallen von alleine), hinzugeben und mit Rotwein ablöschen. Regelmäßig umrühren und einkochen lassen.

Den Knoblauch quer durchschneiden (sodass alle Zehen, die in der Knolle enthalten sind, halbiert werden) und mit der Schnittfläche nach unten in den Rotweinfond legen.

Abgedeckt ca. 45 Minuten kochen.

Die Koteletts kalt abspülen, trocken tupfen, ohne Gewürze auf den Grill legen und auf jeder Seite 4–5 Minuten grillen. Anschließend salzen und pfeffern und mit den Rotweinschalotten und dem Knoblauch servieren.

60 g Butter

200 g brauner Zucker

15–20 mittelgroße Schalotten

1 Flasche Rotwein (0,7 l)

1 ganze Knoblauchknolle

2 Koteletts vom Duroc-Schwein (à 300 g)

Salz

frisch gemahlener Pfeffer

BESCHWIPSTE FORELLE MIT BUNTER STIPPE

Für **2** PORTIONEN

DIE FORELLE HAT ES SICH VERDIENT, MIT EINER BUNTEN STIPPE UND EINEM ORDENTLICHEN SCHLUCK WEIN GEFEIERT ZU WERDEN.

2 Forellen (à 600 g)

100 ml Weißwein

Salz

frisch gemahlener Pfeffer

1 Bio-Zitrone

Mehl zum Wenden

Für die Stippe:

2 Schalotten

1 Knoblauchzehe

1 Handvoll Pfifferlinge

1 Bund Dill

3 rote Bete
(vorgegart und vakuumiert)

1 große Fenchelbratwurst
(Salsiccia)

Butter zum Anbraten

Salz

frisch gemahlener Pfeffer

Die Forellen kalt abspülen, trocken tupfen, die Haut mit einem scharfen Messer mehrmals einritzen und die Forellen von allen Seiten mit Wein einreiben. Die Bauchhöhle ebenfalls mit Wein einreiben, salzen, pfeffern und mit der in Scheiben geschnittenen Zitrone füllen.

Anschließend in Mehl wenden und auf dem Grill oder in der Pfanne garen. Das dauert pro Seite je nach Temperatur 3–5 Minuten.

Währenddessen Schalotten und Knoblauch schälen, Pilze putzen, Dill abbrausen, trocken tupfen und Blättchen abzupfen. Alle Zutaten für die Stippe klein schneiden und zusammen in Butter anbraten. Mit Salz und Pfeffer würzen.

Die Forelle anrichten und die Stippe darübergeben.

Dazu passen ein grüner Salat und Brot.

MAULBEER-GRANITA MIT ROSMARIN

Für **4** PORTIONEN

AUF SIZILIEN WIRD DIE LECKERE SÜSSSPEISE AN HEISSEN TAGEN SCHON ZUM FRÜHSTÜCK SERVIERT. DEUTLICH KÖRNIGER ALS EIN SORBET KOMMT SIE IN VIELEN VARIANTEN DAHER. MAL MIT FRISCHKÄSE, MIT BRIOCHE ODER GANZ PUR – WIE AUCH IMMER, EINE WUNDERBARE ERFRISCHUNG!

120 g Maulbeersaft
(im Internet bestellen)

100 ml Trockenbeerenauslese

300 ml Riesling

2 Rosmarinstängel
plus ein paar für die Deko

Maulbeersaft, Trockenbeerenauslese und Riesling mischen. Rosmarinstängel dazugeben, in ein flaches, metallenes Gefäß füllen und ins Tiefkühlfach oder in den Gefrierschrank stellen.

Im 20-Minuten-Takt mit einem Schneebesen durchrühren, um die Eiskristalle zu zerstören und somit eine sorbetartige Masse zu bekommen.

In vorgefrostete Gläser füllen und mit Rosmarinstängeln dekorieren.

RIESLINGSPRITZ MIT MAULBEEREN UND LIMETTE

Für **4** PORTIONEN

EIN MAULBEERBAUM IM GARTEN VON FAMILIE MÜLLER IN OPPENHEIM BRACHTE UNS EINE SPONTANE ERNTE DIESER LECKEREN BROMBEERARTIGEN FRÜCHTE EIN. NOCH AM SELBEN ABEND HABEN WIR SIE ZU ERFRISCHENDEN WELCOME-DRINKS FÜR UNSERE GÄSTE AUS DER NACHBARSCHAFT VERARBEITET.

Die Maulbeeren in 4 gefrostete Weingläser mit Eiswürfeln geben. Alle Flüssigkeiten mischen und auf die Gläser verteilen.

32 Maulbeeren

Eiswürfel

400 ml Riesling

400 ml Sodawasser

200 ml Trockenbeerenauslese

Saft von 2 Limetten

AUSTERN

AUS SYLT

Echte Nordseeperlen

Ein Ausflug an Deutschlands Nordseeküste. Dort, wo Ebbe und Flut den Rhythmus bestimmen und stets eine steife Brise weht, gehören nicht selten auch frische Austern auf den Tisch. Diese berühmte Muschelart mit dem besonders aromatischen und feinen Geschmack wird bei der Dittmeyer's Austern-Compagnie gezüchtet. Hier und nur hier gibt es die bekannten Sylter Royal, die einzigen Austern aus Deutschland.

DITTMEYER'S AUSTERN-COMPAGNIE

SYLT

➤➤ Diejenigen, die keine Austern mögen, bitte weiterblättern! Alle anderen sind jetzt zu einem Gedankenausflug nach Sylt eingeladen, um die einzige Austernzucht Deutschlands zu besuchen. Los geht's! Am Oststrand, wo die Insel mit dem Watt zusammentrifft, das kürzlich als Weltnaturerbe geadelt wurde, ist das Zuhause der Auster namens Sylter Royal. Den königlichen Namen hat man sich wahrscheinlich ausgedacht, weil die Auster wahrhaft fürstliche Genüsse verspricht. Man könnte unterstellen, dass man sie als so ungemein köstlich empfindet, weil eine Portion Austern nun mal nicht zum Preis einer Currywurst zu haben ist und deshalb unbedingt gut schmecken muss. Allein der Begriff Auster lässt ja augenblicklich an Luxus und Reichtum denken. Aber es ist tatsächlich so, dass die Auster von allen Muschelarten mit Abstand die besten Aromen hat. Und das haben nicht erst wir in unserer kulinarisch nicht gerade anspruchslosen Zeit herausgefunden. Schon in der Antike galten Austern als Delikatesse, und man konnte sie überall auf zahlreich vorhandenen Austernbänken absammeln. Logisch, dass die natürlichen Vorkommen im Laufe der Zeit leergefischt waren – irgendwann musste man daher mit dem Züchten beginnen. Die Feinschmecker hätten auf vieles verzichten können, nicht aber auf Austern! Auf Sylt hat man sogar erst 1986 damit angefangen, als die Dittmeyer's Austern-Compagnie gegründet wurde. Erstaunlicherweise hätten – nach einem zehnjährigen Forschungsprojekt zum Thema Austernzucht – noch mehr Zuchtbetriebe an der Ost- und Nordsee aufmachen können. Aber niemand wollte. Wohl wegen der hohen Investitionskosten.

KEINE FÜTTERUNG, KEINE MEDIKAMENTE,
KEINE HORMONE – BEI UNS NICHT!

Die Sylter Royal – mit bürgerlichem Namen heißt die Sorte übrigens Crassostrea gigas und kommt als kleiner Setzling aus Irland – wird in einem Verfahren namens Tischkultur gezogen. Dabei liegt sie 30 bis 40 Zentimeter über dem Meeresboden in Taschen auf Tischen, die bei Flut von Meerwasser bedeckt sind und bei Ebbe im Trockenen liegen. Dieser Turnus bringt es mit sich, dass die Austern mit jedem Gezeitenwechsel ihren Schließmuskel aktivieren – bei Ebbe machen sie dicht. Wenn sie dann nach drei bis vier Jahren in den Handel kommen, bleiben sie dank ihres durchtrainierten Muskels viel länger geschlossen als zum Beispiel die Verwandtschaft aus Tiefwasserzucht, die sich immer nur ausruhen konnte.

Der Standort Sylt wurde seinerzeit gewählt, weil das Nordseewasser hier hervorragende biologische Werte hat. Nur noch schottische und irische Gewässer gehören in Europa mit in die höchste von insgesamt drei Kategorien in puncto Wasserqualität. Die meisten Austern aus Frankreich hingegen kommen nach der Ernte für Wochen oder sogar Monate erst einmal in ein Klärbad, damit sich der schlammige Geschmack aus dem Küstenwasser verliert. Trotzdem steht bei der Dittmeyer's Austern-Compagnie regelmäßig jemand von Behörden auf der Matte und nimmt Proben. „Unsere Austern sind sauber und ein reines Naturprodukt", sagt Bine Pöhner, die die Zucht leitet und sich in dem insgesamt sechsköpfigen Betriebsteam salopp als Mädchen für alles bezeichnet. „Keine Fütterung, keine Medikamente, keine Hormone – bei uns nicht!"

Eine Million Sylter Royal gehen hier jedes Jahr in den Verkauf. In früheren Zeiten gab man sie in alle möglichen feinen und deftigen Gerichte. Die Rezepte sind erhalten geblieben, zum Beispiel Sauerkraut mit Austern (tatsächlich richtig lecker). Um aber ihren königlichen Geschmack voll und ganz auf unsere Geschmacksnerven loszulassen, sollte man sie roh essen. Mit oder ohne ein bisschen Vinaigrette, egal, Hauptsache, sie wird hemmungslos gekaut. Ein Genuss zum Niederknien!

AUSTERN MIT PERNOD-BUTTER

Für 4 AUSTERN

ALS FRANZÖSISCHES BISTRO SCHENKEN WIR NATÜRLICH PERNOD UND PASTIS AUS. DASS DAS ANISGETRÄNK SEHR GUT MIT ORANGE HARMONIERT, IST NICHTS NEUES – ABER MUSS MAN DAS RAD IMMER NEU ERFINDEN?

4 Austern (z. B. Sylter Royal)

4 EL Semmelbrösel

abgeriebene Schale von 1 Bio-Orange

2 EL Butter

1 EL Pernod

frisch gemahlener Pfeffer

Den Backofen mit Grillfunktion vorheizen. Die Austern mit einem Austernmesser öffnen und von der Schale lösen, aber in der Schale lassen. In eine kleine ofenfeste Form geben.

Alle übrigen Zutaten zusammen in einem ofenfesten Topf erwärmen und auf die Austern geben.

Im Ofen kurz überbacken und sofort servieren.

AUSTERN MIT TRÜFFELBUTTER

Für **4**
AUSTERN

WENN ZWEI DER EDELSTEN ZUTATEN DER WELT AUFEINANDERTREFFEN, KANN MAN SCHON
VON LUXUS SPRECHEN. UND DIESER IST VERDAMMT LECKER!

Backofen auf 180−200 °C Oberhitze oder Grillfunktion vorheizen.

Die Austern mit einem Austernmesser am Schließmuskel vorsichtig öffnen und das Fleisch von der Schale lösen, aber in der Schale lassen.

Die übrigen Zutaten bis auf die Kräuter zusammen in einem Topf erwärmen und reichlich auf die Austern häufen. Die Austern in eine Auflaufform geben und für wenige Minuten im Ofen überbacken.

Die Kräuter abbrausen, trocken tupfen und die Blättchen abzupfen. Die Austern mit den Kräutern bestreut servieren.

4 Austern (z. B. Sylter Royal)

3 EL Semmelbrösel

1 EL Trüffelöl

2 EL Butter

1 TL frisch geraspelte Trüffel

Salz

frisch gemahlener Pfeffer

frische Kräuter (z. B. Estragon, Koriander oder Petersilie)

AUSTERNRAVIOLI MIT KORIANDER-SCHAUM

Für 4 PORTIONEN

EIN KONGENIALER ZUSAMMENSCHLUSS VON SYLT UND ITALIEN. BESTER NUDELTEIG UND FRISCHE SYLTER AUSTERN ZU SAGENHAFTEN TEIGTASCHEN VERARBEITET.

Alle Zutaten für den Nudelteig kräftig per Hand zu einer homogenen Pastakugel kneten. Durch die Wärme der Hände verbindet sich das Klebereiweiß. In Frischhaltefolie wickeln und 30 Minuten in den Kühlschrank legen.

Die Austern ca. 2 Minuten in etwas heißem, aber nicht kochendem Wasser garen und beiseite legen. Das Wasser aufbewahren.

Schalotte und Knoblauch schälen und hacken. Die Blättchen von den Korianderstängeln zupfen und beiseitelegen, die Stiele hacken.

Die Austern in einer Pfanne in heißem Olivenöl mit Schalotten, Knoblauch und Korianderstielen anschwitzen. Mit Weißwein, Milch und Sahne ablöschen und reduzieren. Mit Salz, Pfeffer und 100 ml des beiseitegestellten Garwassers abschmecken.

Den Pastateig vierteln und zu 13–15 Zentimeter langen und 30 Zentimeter breiten Rechtecken ausrollen.

Auf je eine Hälfte jedes Rechtecks jeweils 2 Austern legen. Das mit etwas Wasser verquirlte Eigelb um die Austern herum pinseln und mit dem Teigüberstand bedecken.

Mit einem Ravioliausstecher oder einem Glas Ravioli abstechen und mit einer Kuchengabel am Rand zusammendrücken.

Die Ravioli in einem großen Topf mit reichlich leise köchelndem Salzwasser garen, bis sie nach oben steigen. Auf tiefen Tellern mit Soße und den beiseite gelegten Korianderblättchen anrichten.

Für den Nudelteig:

- 250 g Weizenmehl (Type 00 oder 405)
- 250 g Hartweizengrieß
- 5 Bio-Eier
- 1 Prise Salz

Für die Austern:

- 32 ausgelöste Austern (z. B. Sylter Royal)
- 1 Schalotte
- 1 Knoblauchzehe
- 4 Stängel Koriander und etwas zum Anrichten
- Olivenöl zum Braten
- 200 ml Weißwein
- 200 ml Milch
- 200 ml Sahne
- Salz
- Frisch gemahlener Pfeffer
- 1 Eigelb

AUSTERNTATAR MIT APFEL

Für **4** AUSTERN

WENN ICH GÄSTEN DIE NORDSEEMUSCHEL NÄHERBRINGEN MÖCHTE, SERVIERE ICH SIE MEISTENS ALS TATAR. DIREKT IN DER SCHALE ANGERICHTET LÄSST SICH DIE AUSTER SUPER LÖFFELN UND SIEHT AUCH NOCH GUT AUS.

4 Austern (z. B. Sylter Royal)
2 EL fein gewürfelter grüner Apfel
1 EL fein gewürfelte Schalotten
2 TL Olivenöl
Saft von 1/2 Limette
Salz
frisch gemahlener Pfeffer
Crushed Eis zum Servieren

Die Austern mit einem Austernmesser öffnen und aus den Schalen lösen. Das Austernfleisch ganz fein hacken und mit den übrigen Zutaten mischen.

Das Tatar zum Anrichten in den tiefen Schalen der Austern verteilen und auf Eis servieren.

AUSTER POPEYE

Für **4** AUSTERN

ALS ICH WÄHREND MEINER AUSBILDUNG BEI JULIEN IN DER KALTEN KÜCHE ANHEUERTE, SERVIERTEN WIR AUSTERN ALS AMUSE-GUEULE. SO KAM AUCH ICH ZU MEINER ERSTEN NORDSEEMUSCHEL. EINFACH HERRLICH!

4 Austern (z. B. Sylter Royal)
1 Handvoll Babyspinat
Olivenöl zum Anschwitzen
1 EL fein gehackte Schalotten
1 EL Pinienkerne
1 TL fein gehackter Knoblauch
1 kleiner Schluck Weißwein
1 EL geriebener Schafskäse
frisch gemahlener Pfeffer

Den Backofen mit Grillfunktion vorheizen. Die Austern mit einem Austernmesser öffnen und von der Schale lösen, aber in der Schale lassen. Den Spinat putzen, gut waschen und in einer ofenfesten Pfanne in heißem Olivenöl zusammen mit Schalotten, Pinienkernen und Knoblauch anschwitzen. Mit dem Weißwein ablöschen.

Den Würzspinat auf die Austern in der Schale geben und kurz mit etwas Schafskäse im Ofen überbacken. Zum Schluss pfeffern.

BROT

NACH ALTER TRADITION

Mit Laib und Seele

Wenn sich beim Backen von frischem Brot im Holzofen die herrlichen Aromen im Raum verbreiten, wird fast jedem warm ums Herz. Doch handwerklich perfektes Brot braucht viel Zeit, und leider gibt es klassische Backstuben heute immer seltener. In Kiel arbeitet Bäcker Heinrich Vorbeck noch ganz traditionell und stellt vom Sauerteig bis zum fertigen Brot alles in Handarbeit selbst her.

DER HOLZOFENBÄCKER

KIEL

➤ Ganz ehrlich, wenn man Heinrich Vorbeck in seiner Backstube beim Brotbacken zusieht, fühlt man sich sofort in frühere Zeiten versetzt, auch wenn man die selbst gar nicht mehr kennengelernt hat. Der Duft der brennenden Holzscheite, mit denen er seinen Backofen auf Temperatur bringt, haut einen fast um. Der Kieler Bäcker gehört fast einer ausgestorbenen Art an, denn seine Brote kommen nicht wie sonst üblich aus computergesteuerten Hightech-Geräten mit allen möglichen Automatikfunktionen, sondern noch aus der reinen Urhitze verglommenen Holzes. Und so urwüchsig und ehrlich schmecken sie dann auch – einfach großartig!
Gutes Brot braucht Zeit. Mit dem richtigen Teig geht es los. Bei den meisten anderen Bäckern muss es immer schnell-

schnell gehen, und teuer darf es auch nicht sein, weshalb sie sich fertige Backmischungen, Aufbackware und andere verarbeitungsfreundliche Produkte kommen lassen. Bäcker Vorbeck ginge das gegen die Ehre: „Ich mache alles selbst." Für seine Roggenvollkorn- und Roggenmischbrote hat er bereits in den 1960er Jahren einen Sauerteig aus Wasser und Mehl angesetzt, von dem er heute noch regelmäßig etwas zum Backen abnimmt. Man muss sich das wie bei einem Kefirpilz vorstellen, den man auch immer wieder verlängern und so praktisch endlos nutzen kann. Einen solchen Sauerteig braucht man für die schweren Roggenteige, damit sie schön aufgehen und locker werden. Man nimmt also etwas Sauerteig und beginnt mit der dreistufigen Teigführung. Das muss man kurz erklären: Sie läuft im Prin-

zip so ab, dass der Sauerteig dreimal mit frischem Mehl vermischt wird und zwischendurch gären muss, und das dauert – mindestens drei Tage. Diese Prozedur dient aber nicht nur dem guten Geschmack. Während dieser Zeit wird nämlich das im Getreide enthaltene Phytin abgebaut. Es würde sonst die Aufnahme von Mineralstoffen wie Calcium, Magnesium, Eisen und Zink durch die Nahrung stark vermindern. Darin besteht der besondere Kniff, bevor die Laibe in die Hitze kommen. Aber jede Wette, viele Bäcker beherrschen das gar nicht mehr!

Dabei ist das Verfahren uralt. Bäcker Vorbeck weiß es aus der Bibel. Moses habe die Israeliten bei ihrem Auszug aus Ägypten gemahnt, kein gesäuertes Brot zu essen, erinnert er. Und das bedeute, dass man damals schon gesäuertes Brot gekannt habe. Und ähnlich wie in biblischen Zeiten verwendet auch er nach Möglichkeit Getreide aus der Umgebung – „das muss man nicht quer durch die Republik karren. Es muss nur Bio-Qualität haben."

„Beim Holz", stellt Bäcker Vorbeck fest, und jetzt grinst er etwas, „wird einem dreimal warm. Beim Sägen, beim Hacken und beim Anheizen des Ofens." Und er fügt hinzu: „Auch das mache ich alles selbst." Ach, 65 ist er, Respekt! Er verfeuert nur Eichen- und Buchenholz, weil davon eine höhere und längere Hitze als bei anderen Hölzern aus-

EIN GUTES BROT BRAUCHT ZEIT.

geht. Sobald das Holz im Ofen abgebrannt ist, wird die heiße Höhle flott von der Asche gereinigt, und die rohen Brotlaibe kommen für 1 1/2 Stunden hinein. Die Wärme liegt anfangs bei 430 – 450 °C. Ach ja, der Ofen: Er ist aus Steinen gemauert und so, wie er da steht, erst ein gutes Vierteljahrhundert alt. Aber die Konstruktion und die Bauweise sind absolut klassisch. Die ursprünglichen Öfen wurden 1950 abgerissen, aber genau so einer sollte wieder dort stehen. Was Besseres gibt es nämlich nicht.

Der Holzofenbäcker in Kiel-Gaarden existiert bereits ein ganzes Jahrhundert. Schon Heinrich Vorbecks Vater hat

hier als Bäcker gearbeitet. Jetzt macht er das mit seinem eigenen Sohn und einer Aushilfe. „Aufhören will ich aber erst, wenn ich keine Lust mehr habe." Noch hat er, zum Glück!

Aber jetzt ist es wieder einmal soweit, die Brote müssen aus dem Ofen. Die einen sind etwas heller, andere dunkler. „Das hängt auch damit zusammen, wie gerade das Klima ist", sagt der Bäcker. Unter guten alten handwerklichen Bedingungen ist das nun mal so, die Natur backt mit. Und wer sagt denn, dass immer alle Brote gleich aussehen müssen?

WURSTSALAT MIT SAUERTEIGBROT

Für **5** PORTIONEN

WENN ICH MIT MEINER OMA AUS DEM „BACKHUS" VOM BROTBACKEN KAM, HATTEN MEINE ELTERN MEISTENS SCHON DEN WURSTSALAT FERTIG ZUBEREITET. DAZU EIN GUTES BIER UND DIE SEELE KANN BAUMELN.

Für den Wurstsalat:

40 ml Weißweinessig

60 ml Öl

1 EL Zucker

1 EL feiner Senf

200 g Gewürzgurken
und 5 EL vom Gurkenwasser

Salz

frisch gemahlener Pfeffer

1 kg Lyoner in Scheiben

2 Zwiebeln

Für das Sauerteigbrot:

300 g Sauerteig

400 g Roggenmehl (Type 1150)

300 g Weizenmehl (Type 550)
plus Mehl für die Arbeitsfläche

1 TL Ahornsirup

1 TL Zucker

1/2 Würfel Hefe (21 g)

2 EL Kümmel

1 EL Salz

Für den Wurstsalat aus Essig, Öl, Zucker, Senf und Gurkenwasser eine Vinaigrette rühren und mit Salz und Pfeffer abschmecken. Die Lyoner und die Gewürzgurken in Streifen schneiden, die Zwiebeln schälen und in Ringe schneiden. Alles mit der Vinaigrette verrühren. Wurstsalat braucht etwas Zeit, um gut durchzuziehen. Wer möchte, kann noch verschiedene Varianten ausprobieren, z. B. 200 g Emmentaler in Streifen dazugeben, gekochte Eier oder gehackte Kräuter.

Für das Brot den Sauerteig, das Mehl, den Ahornsirup und den Zucker miteinander verrühren. Die Hefe in 420 ml lauwarmem Wasser auflösen, zusammen mit dem Kümmel und dem Salz zum Teig geben und mit der Küchenmaschine ordentlich verkneten.

1 Stunde ruhen lassen, dann den Teig nochmals kurz durchkneten, um ihn anschließend auf der bemehlten Arbeitsfläche zu einem schönen Laib zu formen. Alternativ eignet sich auch eine Springform. Abgedeckt auf einem bemehlten Backblech nochmals 45 Minuten ruhen lassen und den Backofen auf 180 °C Ober-/Unterhitze (Umluft 160 °C) vorheizen.

Das Brot ca. 75 Minuten (je nach Form und Höhe) backen und alle 20 – 30 Minuten einen Schluck Wasser unten in den Ofen geben, damit dieses verdampft. Nachdem ihr das Brot aus dem Ofen geholt habt, noch mal mit Wasser einpinseln, um eine ordentliche Kruste zu bekommen.

Gut durchgezogenen Wurstsalat zum frischen Brot genießen.

<!-- VEGAN badge -->VEGAN

Für **4** STÜCK

HEISSE SEELEN

SEELEN GAB'S IN MEINER KINDHEIT NUR SONNTAGS. DARAN ERINNERE ICH MICH NUR ZU GUT, MOCHTE ICH DAS FESTE, DÜNNE, BAGUETTEARTIGE GEBÄCK MIT KÜMMEL DOCH SO GERNE UND MUSSTE MICH STETS IN GEDULD ÜBEN.

1 kg Dinkelmehl
plus Mehl zum Bestäuben

20 g feines Salz

15 g frische Hefe

grobes Salz und Kümmel
zum Bestreuen

Mehl und Salz miteinander verrühren. In einer Küchenmaschine 700 ml handwarmes Wasser und die zerbröckelte Hefe miteinander verrühren, das Mehl nach und nach zur Wasser-Hefe-Mischung geben und gut 10 – 15 Minuten in der Maschine kneten.

Den Teig mit den Händen noch einige Minuten durchkneten und in einer mit Frischhaltefolie abgedeckten Schüssel über Nacht im Kühlschrank ruhen lassen.

Am nächsten Tag den Ofen auf 190 °C Ober-/Unterhitze (Umluft 170 °C) vorheizen. Die Teigkugel zu einer ca. 20 x 30 Zentimeter großen Platte ausrollen. Mit einer langen Palette oder einem Teigschaber 4 Streifen von 20 Zentimeter Länge abdrücken und die Streifen mit Mehl bestäuben. Jetzt vorsichtig zu einer Länge von 25 – 30 Zentimeter auseinanderziehen und um 90 Grad drehen, sodass die Schnittfläche oben ist. Mit Wasser besprühen (Sprühflasche) und mit grobem Salz und Kümmel bestreuen.

Die Seelen auf einem mit Backpapier belegten Blech in ca. 20 Minuten im Ofen goldbraun backen. Nach dem Backen mit etwas Salzwasser besprühen und auskühlen lassen.

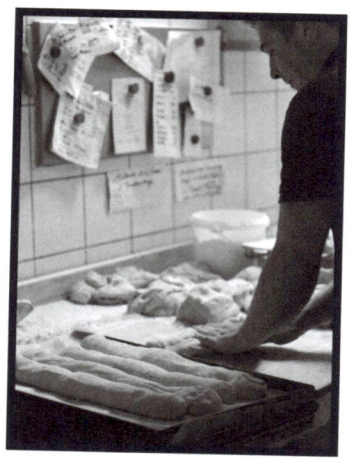

BREZELN

Für **6-8** STÜCK

ÜBER 1000 JAHRE ALT SOLLEN SIE SEIN. DIE GERMAN PRETZELS, WIE MAN SIE IM ENGLISCHSPRACHIGEN RAUM BEZEICHNET, SIND AUF DER GANZEN WELT BEKANNT UND SCHMECKEN FRISCH UND WARM AUS DEM OFEN EINFACH AM BESTEN.

Mehl und Salz in der Küchenmaschine mischen. In einer kleinen Schüssel die Milch, die Hefe und den Zucker anrühren und 15 Minuten stehen lassen.

Dann die Butter zum Mehl geben und bei laufender Maschine nach und nach die Hefe-Milch-Mischung zum Mehl gießen. Zu einem homogenen Teig verkneten.

Abgedeckt an einem warmen Ort darf sich der Teig jetzt vergrößern, mindestens auf das Doppelte. Dann den Teig auf der bemehlten Arbeitsfläche noch mal durchkneten und 40 Zentimeter lange Stränge daraus formen, die in der Mitte dicker sind und zu den beiden Enden hin dünner werden. Aus den Strängen dann Brezeln formen und auf das Backblech setzen. Zum Formen geht ihr so vor: Jedes Teigende in eine Hand nehmen und das Ende, das von der linken Hand gehalten wird, von oben nach unten über den Teig in der rechten Hand durchlegen und auf der linken Seite andrücken. Den anderen Teigstrang in der rechten Hand nach unten durchschieben und rechts andrücken.

Jetzt müssen sich die Brezeln noch mal ausruhen, am besten im Kühlschrank für 1 Stunde, den Ofen rechtzeitig auf 220 °C Ober-/ Unterhitze (Umluft 200 °C) vorheizen.

Bringt 1 l Wasser in einem großen Topf zum Kochen und gebt vorsichtig das Natron ins Wasser. (Achtung, es sprudelt stark.) Die Brezeln mit einer Schaumkelle 15–20 Sekunden in die Natronlauge tauchen und direkt aufs mit Backpapier belegte Backblech geben. Mit einem Küchenmesser an der dicken Stelle jeder Brezel einen Schnitt setzen und die Brezeln mit grobem Salz bestreuen. Dann 15 Minuten backen. Den Ofen ausschalten und noch 3–4 Minuten nachziehen lassen.

Die Brezeln sind fertig, wenn sie ihre charakteristische braune Farbe erhalten haben.

Dazu gibt's bei uns zu Hause Weißwurst und gute Butter.

500 g Weizenmehl (Typ 550) plus etwas für die Arbeitsfläche

1 TL Salz

300 ml lauwarme Milch

1 Würfel Hefe (42 g)

1 TL brauner Zucker

40 g Butter

3 Pck. Natron

grobes Salz zum Bestreuen

CHICKEN-BURGER MIT POTATO-BUN

Für **6** STÜCK

EIN KOCHWETTBEWERB, BEI DEM MAN EINEN MALEDIVENURLAUB GEWINNEN KONNTE, BRACHTE MICH VOR JAHREN AUF DIE IDEE, EINEN CHICKENPATTY IM KOKOSBRÖTCHEN ZU SERVIEREN. NOCH LIEBER ALS KOKOS MAG ICH ALLERDINGS KARTOFFELN, WESWEGEN SIE DIE GRUNDLAGE FÜR DIESE HERRLICHEN BUNS BILDEN. IMMERHIN WERDEN SIE MIT KOKOSMILCH BEPINSELT.

Für die Brötchen:

200 g gekochte Kartoffeln

200 g Zucker

100 g Margarine

3 Bio-Eier

2 TL Salz

2 Pck. Trockenhefe

600 g Weizenmehl (Type 405)

4 EL Kokosmilch

Für die Patties:

1 kg Puten- oder Hähnchenfleisch

1 Zwiebel

4 Eigelb

2 EL Semmelbrösel

1 EL Kokosraspel

Salz

frisch gemahlener Pfeffer

Fett für die Form

Öl zum Braten

Für die Pfifferlinge:

300 g Pfifferlinge

1 rote Zwiebel

2 EL saure Sahne

Salz

frisch gemahlener Pfeffer

Die gekochten Kartoffeln zerdrücken und mit Zucker, Margarine, Eiern und Salz verrühren. Die Hefe mit 200 ml warmem Wasser verrühren und unter den Teig kneten. Am besten nutzt ihr eine Rührmaschine dafür, denn jetzt müsst ihr nach und nach bei laufender Maschine esslöffelweise das Mehl unterarbeiten.

Wenn alles miteinander verknetet ist, den Teig abgedeckt gehen lassen, bis er sich verdoppelt hat. Anschließend noch mal kurz durchkneten und 6 kleine Brötchen formen. Die Brötchen auf einem mit Backpapier belegten Backblech verteilen.

Die Brötchen noch mal abgedeckt für 20 Minuten gehen lassen, den Backofen auf 160 °C Ober-/Unterhitze (Umluft 140 °C) vorheizen. Die Brötchen mit der Kokosmilch einpinseln und in 10–12 Minuten goldbraun backen, dann herausnehmen und auskühlen lassen. Die Ofentemperatur für die Burger auf 140 °C reduzieren.

Das Putenfleisch kalt abspülen, trocken tupfen, durch den Wolf drehen oder sehr fein hacken. Die Zwiebel schälen, fein hacken, mit Fleisch, Eigelben, Semmelbröseln und Kokosraspeln mischen und mit Salz und Pfeffer würzen. Zu Patties formen, in eine gefettete Auflaufform setzen und im Ofen 12 Minuten backen.

In der Zwischenzeit die Pfifferlinge putzen, die Zwiebel schälen und in feine Streifen schneiden. Beides zusammen in einer ofenfesten Pfanne anbraten. Die saure Sahne hinzugeben, salzen und pfeffern und die Pfanne ebenfalls in den Ofen stellen.

Die Patties aus dem Ofen nehmen und von beiden Seiten 2 Minuten in heißem Öl in einer Pfanne anbraten. Die Buns aufschneiden und mit der sauren Sahne aus der Pfifferlingspfanne bestreichen.

Die Buns mit Patties und Pfifferlingen belegen und die Burger direkt servieren.

RADICCHIO-CIABATTA

VEGAN

Für **1** BROT

DIE WICHTIGSTE ZUTAT FÜR DIESES REZEPT IST DIE ZEIT. DENN DIE IST DAS GEHEIMNIS DES LOCKEREN TEIGES, DER DIE ITALIENISCHEN „PANTOFFELN" SO FLUFFIG WERDEN LÄSST.

Die Hefe in 300 ml kaltem Wasser auflösen und gut verrühren. Mehl und Salz in eine Rührschüssel geben und die Hefe-Wasser-Mischung hinzugeben. Zuerst mit der Küchenmaschine zu einem Teig verkneten, bis das Mehl eingearbeitet ist, und anschließend auf der bemehlten Arbeitsfläche kräftig mit den Händen weiterkneten. Den Teig mit einem Tuch abdecken und ca. 10 Stunden im Kühlschrank gehen lassen.

Den Ofen auf 230 °C Umluft vorheizen (Ober-/Unterhitze nicht geeignet).

Nach der Ruhezeit den Teig aus dem Kühlschrank nehmen und das Olivenöl in einer Pfanne erhitzen. Den Radicchio putzen, in Streifen schneiden und im Öl anschwitzen. Mit Zucker bestreuen und bei hoher Temperatur unter Rühren kurz karamellisieren lassen. Kurz abkühlen lassen, dann den Radicchio in den Teig einarbeiten und diesen zu einem faustdicken Ciabatta formen. Mit etwas Mehl bestäuben, eine Metallschüssel mit Wasser unten in den Ofen stellen und das Ciabatta ca. 15 Minuten backen.

Herausnehmen und die Ofentemperatur auf 200 °C reduzieren, um das Ciabatta weitere 10 – 15 Minuten zu backen. Für eine schöne Kruste das Ciabatta danach mit etwas Wasser einpinseln.

Als Variation kann man z. B. Oliven, Rosmarin, getrocknete Tomaten, Walnüsse oder Thymian hinzugeben.

1/4 Würfel Hefe (10 g)

500 g Weizenmehl (Type 405) plus Mehl für die Arbeitsfläche und zum Bestäuben

2 TL Salz

2 EL Olivenöl

1/2 Radicchio

2 EL Zucker

HONIG

VON DEN DÄCHERN DER STADT

Flotte Bienen

Erstaunlich aber wahr: Nirgendwo sonst ist die Flora so vielfältig wie in der Großstadt, wo dank der vielen Parks, Grünanlagen und Gärten an jeder Ecke etwas anderes blüht. Ein Paradies für die Bienen der Imkerin Judith Heimann, die das süße Gold direkt dort produzieren, wo es gegessen wird: mitten in der Stadt. Einigen ihrer Kunden, zum Beispiel Restaurants, stellte sie dazu kurzerhand Bienenvölker auf das eigene Dach.

IMKEREI HEIMANN & SÖHNE

HAMBURG

➤➤ Hand aufs Herz, könntet ihr euch vorstellen, mit Bienen zu arbeiten? Man weiß ja, dass uns die kleinen Brummer mit ihrem guten Honig versorgen. Und wenn es sie nicht gäbe, hätten wir alle auf der Welt nicht so viele Äpfel, Kirschen, Aprikosen und andere Früchte zum Essen. Also nichts gegen Bienen! Wäre da nicht immer diese Angst, sie könnten stechen. Aber einer, nun ja, muss den Imker-Job schließlich machen. Judith Heimann ist Imkerin – zwar nicht die einzige Frau in dieser klassischen Männerdomäne, aber doch eine der wenigen Ausnahmen. Natürlich geht sie als Profi mit ihren Tieren völlig furchtlos und souverän um. Damit nun der Honig, den die fleißigen Flieger ihr schenken (in Wirklichkeit nimmt sie ihn sich natürlich einfach, wie das in ihrem Beruf so üblich ist), noch etwas spezieller und interessanter wird als das übliche Angebot, hat sie sich etwas Besonderes einfallen lassen. Dazu kommen wir gleich noch.

Sie hatte Landwirtschaft studiert und dann zum eigenen Bedauern feststellen müssen, „dass ich dieser Knochenarbeit körperlich nicht immer gewachsen gewesen wäre". Deshalb wechselte die Agraringenieurin schon bald zur Journaille und kümmerte sich, naheliegend, um landwirtschaftliche Angelegenheiten. Dass sie sich nebenbei ein Bienenvolk anschaffte und sich nach und nach eine Imkerei aufbaute, kam nicht zufällig. „Als mein Opa gestorben war, fand ich in seinem Nachlass einen sonderbaren Hut und konnte mir nicht erklären, welche Funktion er haben mochte. Trotzdem, immer wenn ich umzog, ging dieser ominöse Hut mit." Des Rätsels Lösung ergab sich, als sie in

IN DER STADT HINGEGEN MIT IHREN VIELE GÄRTEN, BÄUMEN UND GRÜNBEREICHEN IST DIE FLORA UNGEMEIN VIELFÄLTIG, AN JEDER ECKE BLÜHT ETWAS ANDERES.

den alten Büchern ihres Großvaters las und dabei auf das Thema Imkerei stieß. Er war in der Hauptsache Landwirt und Kartoffelzüchter gewesen, hatte sich aber auch mit der Imkerei beschäftigt. Der Hut war ein Imkerhut, nur ohne Schleier, der war längst weg. Konnte sie ja nicht ahnen. „Das mit den Bienen muss mir in den Genen liegen, ich habe es wohl geerbt," vermutet Judith Heimann.

Wie auch immer, sie belegte Imkerkurse, denn ohne Fachwissen sollte man sich an eine so heikle Geschichte besser nicht heranwagen. Da lernte sie alles über Königinnen-

zucht, Honigzertifikat, Schwarmkontrolle, Völkerführung, Bienenkrankheiten und vieles mehr. Inzwischen herrscht sie in Schenefeld vor den Toren Hamburgs über 40–50 Bienenvölker und erntet pro Jahr mehrere hundert Kilo Honig. Nun zu dem süßen Gold. Die Imkerin dachte sich, der ideale Honig wäre doch so einer, der genau aus der Gegend stammt, in der er gegessen wird. Und deshalb stellte sie einigen ihrer Kunden einfach Bienenvölker aufs Dach. Neben Kleinverbrauchern gehören auch Hotels und Restaurants in und um Hamburg zu ihren Abnehmern, darunter Tim

Mälzers „Bullerei". Aber Bienen mitten in der Großstadt, überlegt man misstrauisch, wie soll das denn funktionieren? Jetzt die überraschende Erklärung, auf die eigentlich jeder selbst hätte kommen können: „In der Landwirtschaft gibt es fast nur noch Monokulturen," sagt Judith Heimann. „In der Stadt hingegen mit ihren viele Gärten, Bäumen und Grünbereichen ist die Flora ungemein vielfältig, an jeder Ecke blüht etwas anderes. Und fast nirgendwo wird gespritzt. Ein Paradies für Bienen!" Klar, da muss der Honig ja besser schmecken. „Weil er von den Dächern praktisch direkt in die Küchen fließt, haben die Köche und anderen Beschäftigen eine ganz persönliche Beziehung zu dem Honig. Es ist ihr Honig, den es so sonst nirgendwo anders auf der Welt gibt."

Hättet ihr jetzt vielleicht doch gern ein paar Bienen? Kontaktiert Frau Heimann, denn sie vermietet ihre Völker saisonweise und stellt sie bei euch zu Hause im Garten auf. Oder auf dem Dach. Fachliche Betreuung inklusive. Der Honig fließt dann direkt in eure Küche. Und ihr habt endlich die Antwort auf die Frage: Wie schmeckt eigentlich mein Garten?

JAKOBSMUSCHELN IM HONEY-MOHN

Für **4** PORTIONEN

DIESES WUNDERBARE GERICHT HABE ICH ZUSAMMEN MIT MEINEM BUDDY MARCEL BAUMANN ERSTMALS AN EINEM 30. APRIL ZUR FETE DU TRAVAIL FÜR UNSERE FREUNDE GEKOCHT UND MIT IHNEN IN DEN MAI GEFEIERT.

8 Jakobmuscheln

4 EL Mohnsamen

4 EL Honig

4 EL Butter

1 Prise Salz

frisch gemahlener Pfeffer

etwas Kresse

Die Jakobsmuscheln kalt abspülen und trocken tupfen. Mit einem sehr scharfen, mit etwas Wasser befeuchteten Messer in ganz dünne Scheiben schneiden und direkt auf die Teller legen.

In einer kleinen Pfanne den Mohn ohne Fettzugabe anrösten, kurz bei hoher Temperatur unter Rühren mit Honig karamellisieren und mit der Butter zu einer homogenen Soße rühren. Salzen und direkt vom Herd über die Jakobsmuscheln geben.

Mit schwarzem Pfeffer und Gartenkresse garnieren und sofort servieren.

KURKUMANÜSSE
MIT HONIG

VEGETARISCH

Für **2**
PORTIONEN

ES GIBT MANCHE DINGE, DIE KAUFE ICH LIEBER. NÜSSE ZUM KNABBERN UND CHIPS ALLERDINGS SIND NICHT NUR EASY SELBST ZU MACHEN UND HALTEN SICH MEHRERE WOCHEN, SONDERN SCHMECKEN AUCH VIEL BESSER ALS ALLES AUS DEM SUPERMARKT. VOR DEM NÄCHSTEN FILMABEND MIT EUREM KERL, DER LIEBSTEN ODER EUREN FREUNDEN ALSO AB IN DIE KÜCHE UND MIT KNABBEREIEN GLÄNZEN.

Den Backofen auf 190 °C Ober-/Unterhitze vorheizen (Umluft nicht geeignet).

Butter und Honig zusammen in einem beschichteten Topf erhitzen. Die Gewürze und den Senf mit 1 EL Wasser verrühren und zur Honig-Butter-Mischung geben.

Wenn alles glatt verrührt ist, die Nüsse hinzugeben und gut umrühren, damit auch jede Nuss was abbekommt!

Auf einem mit Backpapier belegten Blech verteilen und im Ofen 15 Minuten rösten. Zwischendurch die Nüsse mit einem Kochlöffel wenden.

2 EL Butter

3 EL Honig

1 TL gemahlene Kurkuma

1/2 TL Tandoori-Gewürz

1 gestr. TL Salz

1 TL feiner Senf

250 g gemischte Nüsse oder Samen (z. B. Mandeln, Cashew-, Pinien- oder Kürbiskerne)

GRÜNER SPARGEL MIT HONIG UMS MAUL

Für 5 PORTIONEN

EINE VERFEINERUNG VON MAMAS SPARGEL MIT PFANNKUCHEN IN HELLER SOSSE. ICH BACKE DÜNNE TEIGFLADEN AUS BUCHWEIZENMEHL UND MIT VIEL HONIG UND WICKELE ANSCHLIESSEND DEN KNACKIGEN GRÜNEN SPARGEL DARIN EIN.

Für die Crêpes:

3 Bio-Eier

500 ml Milch

250 g Buchweizenmehl

1 TL Salz

2 EL Honig

Für den Spargel:

15 Stangen grüner Spargel

1 EL Butter
plus Butter zum Ausbacken

Salz

etwas Zucker

frisch gemahlener Pfeffer

Backofen auf 100 °C Ober-/Unterhitze (Umluft 80 °C) zum Warmhalten des Spargels vorheizen. Eier und Milch zusammen schaumig rühren, nach und nach Buchweizenmehl und Salz hinzugeben und zu einem glatten Teig verrühren. Zum Schluss den Honig einrühren und ca. 45 Minuten ruhen lassen.

Die unteren Enden des Spargels abbrechen (sie brechen da ab, wo das holzige Stück zu Ende ist). In einer Pfanne die Butter zerlassen und den Spargel darin von allen Seiten anbraten. Mit Salz, Zucker und Pfeffer würzen und im Ofen warm stellen.

Jetzt könnt ihr honiggüldene Crêpes in heißer Butter ausbacken und sie mit grünem Spargel füllen.

BUTTERMILCH-PANCAKES

Für **5** PORTIONEN

WENN ES ETWAS GIBT, DEM ICH NICHT WIDERSTEHEN KANN, DANN SIND UND BLEIBEN DAS PANCAKES. VOR ALLEM WENN MAN MIR NOCH EIN GROSSES GLAS HONIG DAZUSTELLT.

Eier, Buttermilch, zerlassene Butter und Honig in einer Schüssel miteinander verrühren. In einer zweiten Schüssel die trockenen Zutaten miteinander vermengen und unter kräftigem Rühren (eine Küchenmaschine erleichtert vieles) mit der Eier-Milch-Masse zu einem homogenen Teig vermischen.

10–15 Minuten quellen lassen, nochmals umrühren und in einer Pfanne mit etwas Öl wunderbare Pancakes backen.

Mit etwas Honig servieren.

Schmeckt besonders gut mit frischen Blaubeeren und ein wenig Puderzucker.

3 Bio-Eier

250 ml Buttermilch

5 EL zerlassene Butter

3 EL Honig
plus Honig zum Servieren

200 g Weizenmehl (Type 405)

1/2 TL Natron

1 Pck. Backpulver

1/2 TL Salz

Öl zum Ausbacken

BÄREN-CRUMBLE

Für **3-4** PORTIONEN

BARKEEPER AUS WIEN, PILOTEN AUS FRANKFURT, STEWARDESSEN AUS KÖLN UND FUSSBALLSPIELER AUS HAMBURG: BEI KÜCHENPARTYS, ABENDESSEN UND KOCHKURSEN KAMEN ALLE SCHON IN DEN GENUSS MEINES KRÜMELKUCHENS.

Die Kuvertüre über einem Wasserbad schmelzen. Die Eiweiße mit dem Salz zu festem Eischnee schlagen.

Die Beeren verlesen und mit Honigwein und 1 EL Zucker marinieren.

Den Backofen auf 170 °C Ober-/Unterhitze (Umluft 150 °C) vorheizen.

Butter, restlichen Zucker und Mehl grob zu einem Streuselteig verarbeiten, nur so lange bis Mehl und Zucker eingearbeitet sind und noch grobe und feine Streusel zu sehen sind.

Die Beeren in Weckgläser oder eine kleine Auflaufform geben, ausfetten nicht vergessen. Mit dem Crumble bedecken und im Ofen goldbraun backen (20–25 Minuten, die Backzeit variiert je nach Gefäß und Form).

Die saure Sahne mit Eischnee, Honig und geschmolzener Kuvertüre vorsichtig verrühren und im Kühlschrank fest werden lassen.

Zum Anrichten einfach einen großen Klecks dieser Mousse auf den Crumble geben und auf Wunsch mit Beeren garnieren.

120 g weiße Kuvertüre

3 Eiweiß

1 Prise Salz

150 g gemischte Beeren (z. B. Himbeeren, Blaubeeren, Johannisbeeren, Erdbeeren) plus evtl. Beeren zum Garnieren

4 cl Honigwein (Met)

120 g Zucker

80 g kalte Butter in Würfeln plus Butter für die Form

120 g Weizenmehl (Type 405)

60 g saure Sahne

3 EL flüssiger Honig

GIN

·

MADE IN GERMANY

*Hochprozentiges
aus Wacholder*

In der Hamburger Destille von Stephan Garbe treffen Wachholder, Zistrosen und portugiesische Zitronen aufeinander und liefern die Aromen für eine ganz besondere Spirituose: Gin Sul. Die Anfänge des Projekts liegen in Portugal – und doch wurde die Erfolgsgeschichte schließlich in Deutschland geschrieben. Nämlich die, wie aus einer persönlichen Leidenschaft ein Beruf wurde.

ALTONAER SPIRITUOSEN MANUFAKTUR

HAMBURG-ALTONA

➤➤ Kaum jemand ahnt, dass die Portugiesen begeisterte Gin-trinker sind. Was schlicht und einfach daran liegt, dass sie – ganz im Gegensatz zu den für ihren Ginkonsum bekannten Briten – keinen eigenen Gin produzieren. Und genau das übte auf den Hamburger Stephan Garbe so einen besonderen Reiz aus: „Ich wollte den ersten por-tugiesischen Gin machen." Nur zu, denkt man da, jeder soll schließlich sein Glück versuchen. Zwar liegt die Idee schon ein paar Jahre zurück, aber tatsächlich, sie wurde umgesetzt – es gibt jetzt diesen Gin. Und der ist, Hand aufs Herz, so gut, dass Portugal wirklich nichts Besseres passieren konnte. Ginmäßig jedenfalls.

Alles fing damit an, dass in Stephan Garbes Leben auf ein-mal drei lose Fäden miteinander verknüpft wurden. Zum

einen hatte er eine ausgeprägte Leidenschaft für Gin. Eine Samm-lung von 70 verschiedenen Sorten im Keller und ein Meter Fachlite-ratur im Bücherregal ließen ihn in seinem Hobby schwelgen. Des Weiteren begann ihn sein Job in der Werbung mehr und mehr zu langweilen, und er dachte ernsthaft darüber nach, sich nach etwas anderem umzuse-hen. Aber wonach? Er war ratlos. Nun, da war da noch sein bester Freund, ein Portugiese. Sooft es ging, fuhren beide zur Familie des Freundes in dessen Heimat, und er genoss die menschliche Wärme bei seinen südländischen Gastge-bern. Irgendwann ist es dann passiert: Er verliebte sich in das Land, in Portugal. Im Film würde man jetzt von einem Plot, von einem Wendepunkt sprechen, denn plötzlich sah er alles in einem anderen Licht. Er beschloss, eine längere

Auszeit zu nehmen und kaufte sich ein Häuschen. Er wusste auch, wovon er leben würde: Eine Destillerie musste her, um Gin zu produzieren – das lag doch nahe. Entlang des Küstenstreifens bis hin zur Algarve war er oft stundenlang durch wild wachsende Wacholderbüsche und Zistrosen – das sind weiß blühende Sträucher – gewandert und hatte ihren intensiven Duft eingesogen. Seine Nase sagte ihm, dass die Aromen der beiden Pflanzen perfekt zusammenpassen würden, natürlich in einem Gindestillat. Kurz und gut: Er hatte die Destillationsanlage schon bis ins letzte Detail konzipiert, aber dann kam's: Die portugiesischen Be-

hörden, von denen er eine Genehmigung brauchte, stellten sich stur. Enttäuscht ging er zurück nach Hamburg. Schade, denkt man. Doch wenig später war er wieder bereit für sein Projekt. Diesmal klappte es, und schon bald stand eine nach den alten Plänen gebaute Destille aus blinkendem Kupfer in einer ehemaligen Hinterhofwerkstatt. Sein Unternehmen nannte er Altonaer Spirituosen Manufaktur, und auf das Flaschenetikett ließ er Gin Sul drucken.
Sul heißt Süden und so schmeckt der Gin auch: ganz fantastisch nach Süden und so richtig nach Portugal. Denn Stephan Garbes Herz brennt immer noch für seine frühere Liebe. Ei-

„SUL HEISST SÜDEN UND SO SCHMECKT DER GIN AUCH."

nige Zutaten wie frische Zitronen und Zistrosenblätter lässt er sich direkt aus dem Land seiner Sehnsucht kommen. Deshalb wird auch wohl niemand daran zweifeln wollen, dass es sich hierbei um einen portugiesischen Gin handelt, auch wenn er zufällig in Hamburg gebrannt wird. Weitere Aromaspender für die 43-prozentige Spirituose sind Wacholder (der trotz der großen existierenden Mengen an der Algarve dort leider nicht vermarktet wird), Rosmarin, Piment, Lavendel und Zimt. Das besonders weiche Wasser kommt übrigens aus der Lüneburger Heide. Die Destille ist so konstruiert, dass sie für einen Durchlauf zwar ihre Zeit braucht, dafür aber sehr liebevoll mit den filigranen Aromen der Zutaten umgeht. Und groß ist sie auch nicht, für gerade mal 2000 Flaschen im Monat reichen ihre Kapazitäten. Wer das feine Gesöff nun probieren will, muss sich entweder zu einem der ausgesuchten Einzelhändler in Hamburg, Berlin, München und Düsseldorf aufmachen. Oder er geht (was sehr zu empfehlen ist) direkt in die Altonaer Spirituosen Manufaktur, wo er sich auf einem Barhocker niederlassen und in stilvollem Ambiente ein Gläschen genießen kann. Ach ja, der erste portugiesische Gin made in Germany ist inzwischen auch in Portugal angekommen. So schließt sich der Kreis.

DUUN GEBEIZTER LACHS

Für **4** PORTIONEN

BEIM KOCHEN MIT ALKOHOL MUSS ICH IMMER AN MEINE AUSBILDUNG UND DEN DAMALS SEHR ANGESAGTEN CAIPIRINHA-LACHS DENKEN. BEIM BESUCH IN DER GIN-DESTILLERIE WAR KLAR, WAS ICH MIT DEM FEINEN WACHOLDERBRAND ANSTELLEN WERDE. DUUN IST ÜBRIGENS PLATTDEUTSCH UND HEISST BETRUNKEN.

1 Lachsloin
(Mittelstrang vom Filet),
geschuppt und entgrätet

5 cl Gin

50 g Zucker

30 g Salz

1 TL getrocknete Lavendelblüten

1 Bio-Zitrone

2 Rosmarinstängel

Den Lachs kalt abspülen, trocken tupfen, in eine tiefe Form legen und mit dem Gin von allen Seiten kräftig einreiben. Zucker, Salz und Lavendel miteinander verrühren und auf dem Lachs verteilen. Die Zitrone heiß abwaschen, trocken tupfen und die Schale mit einem Sparschäler abschälen. Zitronenschalen und Rosmarinstängel auf den Lachs legen und abgedeckt im Kühlschrank 10–12 Stunden beizen lassen.

Den Lachs nach dem Beizen abspülen und entweder direkt in dünne Scheiben schneiden oder zuerst mit verschiedenen gehackten Kräutern belegen und anschließend in Scheiben schneiden.

Dazu passt hervorragend Toast mit salziger Butter und ein Glas Crémant auf Eis!

CRÊPES SULZETTE

IM ORIGINAL MIT LIKÖR FLAMBIERT, GEBE ICH DEN DÜNNEN FRANZÖSISCHEN PFANNKUCHEN MIT ORANGEN LIEBER DEN GIN DES LEBENS.

Für den Teig:

4 Bio-Eier

200 g Weizenmehl (Type 405)

80 g zerlassene Butter

100 g Puderzucker

8 cl Gin

Öl zum Ausbacken

Zum Flambieren:

3 Orangen

2 EL Zucker

1 EL Butter

8 cl Gin

Außerdem:

Puderzucker zum Garnieren

abgeriebene Schale von 1 Bio-Limette

Eier, Mehl, Butter, Puderzucker und Gin kräftig zu einem homogenen Teig verrühren. Die Pfanne mithilfe von Küchenpapier mit Öl ausreiben und nach und nach, ohne die Zugabe weiterer Öls, 4 Crêpes ausbacken. Beiseitestellen und warm halten.

Die Orangen heiß abwaschen, trocken tupfen und mit einem kleinen Messer sorgfältig filetieren, sodass keine weiße Schale mehr vorhanden ist. Den Saft dabei auffangen.

Anschließend in derselben Pfanne den Zucker mit der Butter bei hoher Temperatur unter Rühren karamellisieren, dann mit den Orangenfilets und dem aufgefangenen Saft ablöschen und etwas reduzieren. Den restlichen Gin angießen und das Ganze flambieren.

Wenn die Flamme erloschen ist, die Crêpes einzeln in der Soße wenden und auf Teller legen. Die Filets darübergeben, mit der Soße beträufeln und mit Puderzucker und Limettenabrieb garnieren. Bon Appétit!

COSMOPOLITAN (1934)

VEGAN

Für **1** PORTION

ICH TRAGE ZWAR KEINE MANOLO BLAHNIKS, DEN COCKTAILKLASSIKER TRINKE ICH TROTZDEM. SEIT SEX AND THE CITY IST ER BEI KERLEN ETWAS IN VERRUF GERATEN. ZU UNRECHT!

Alle Zutaten kräftig miteinander shaken und in ein vorgekühltes oder besser gefrostetes Glas abseihen.

Klassisch serviert in einer Champagnerschale oder einem Martinispitz.

5 cl Gin

3 cl frisch gepresster Limettensaft

1 cl Himbeersirup

1 cl Orangenlikör

Für **1** PERSON

RED SNAPPER

BEI EINEM ORDENTLICHEN KATER IST MIR DER TOMATENSAFT MIT SCHUSS ZEHNMAL LIEBER ALS JEDER ROLLMOPS. DAS SAH AUCH SCHON ERNEST HEMINGWAY SO … VON EINER BLOODY MARY UNTERSCHEIDET IHN DER GIN. WOHLSEIN!

5 cl Gin

2 cl frisch gepresster Limettensaft

1 TL Zucker

Eiswürfel

10 cl Tomatensaft

5 Spritzer Worcestersoße

Tabasco

Salz

frisch gemahlener Pfeffer

Gin, Limettensaft und Zucker im Glas verrühren. Die Eiswürfel hineingeben, mit Tomatensaft auffüllen und nach Gusto mit Worcestersoße, Tabasco, Salz und Pfeffer abschmecken.

HOT GIN PUNCH

Für **10** PORTIONEN

NACH EINEM BESUCH IM MILLERNTOR-STADION BEI MINUSGRADEN GIBT ES NICHTS BESSERES ALS DIESES REZEPT MIT GIN, FRÜCHTEN UND GEWÜRZEN. DER WINTER KANN KOMMEN!

Honig und Butter zusammen in einem Topf zerlassen. Die Zitronen und die Grapefruits heiß abwaschen, trocken tupfen und die Schalen mit einem Sparschäler abschälen. Den Ingwer schälen und in Scheiben schneiden. Mangos und Ananas schälen und grob würfeln.

Zitrusschalen, Ingwer, Früchte, Zimtstangen und Rosmarin in der geschmolzenen Butter bei hoher Temperatur unter Rühren karamellisieren. Mit Gin, Madeira und Wasser ablöschen. Das Ganze 30 Minuten leise köcheln lassen. Nach Wunsch mit Honig abschmecken.

Als vegane Alternative eignet sich Alsan statt Butter und Apfeldicksaft statt Honig.

5 EL Honig
plus etwas zum Abschmecken

100 g Butter

4 Bio-Zitronen

4 Bio-Grapefruits

150 g Ingwer

2 unreife Mangos

1 Ananas

3 Zimtstangen

3 Rosmarinstängel

1 Flasche Gin (0,7 l)

1 Flasche Madeira (0,7 l)

1 Flasche stilles Wasser (0,7 l)

ÄPFEL

AUS DEM ALTEN LAND

An Apple a Day ...

Naturtrüber Direktsaft aus der Slow-Food-Mosterei, das klingt schon fast perfekt. Die Idee dahinter ist aber noch besser: Äpfel, die nicht geerntet wurden und noch an den Bäumen hängen, können gespendet werden. Eine Gruppe von Beschäftigten mit Behinderung erntet unter Anleitung eines Gärtnermeisters das reife und ungespritzte Obst, das anschließend zu Saft verarbeitet und verkauft wird. Der Erlös fließt zu hundert Prozent in das Projekt zurück und finanziert so die Arbeit der Mitarbeiter.

DAS GELD HÄNGT AN DEN BÄUMEN

HAMBURG

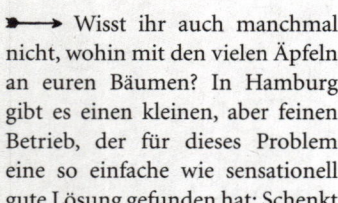 Wisst ihr auch manchmal nicht, wohin mit den vielen Äpfeln an euren Bäumen? In Hamburg gibt es einen kleinen, aber feinen Betrieb, der für dieses Problem eine so einfache wie sensationell gute Lösung gefunden hat: Schenkt sie uns! Ihr erfüllt damit einen guten Zweck und wir machen aus den Früchten einen erstklassigen Apfelsaft. Das Projekt nennt sich „Das Geld hängt an den Bäumen", und mit „Geld" sind die Äpfel gemeint. Jeder, der Äpfel übrig hat, egal ob Privatleute, gewerbliche Betriebe oder irgendwelche Verbände, kann sich melden und die Äpfel abholen lassen, vom Baum pflücken inklusive. Sie sollten aber ungespritzt sein, damit nachher der Saft fast wie Bio schmeckt. Anschließend werden die Früchte in einer Mosterei zu Saft gepresst und in Flaschen abgefüllt. Und der wird dann das ganze Jahr über verkauft, bis die nächste Ernte ansteht. Was aber passiert mit dem Erlös aus den Einnahmen? Jetzt zeigt sich der gute Zweck: Das Geld ist dazu da, Menschen mit Behinderung fest anzustellen und ihnen einen regelmäßigen Lohn zu zahlen. Inzwischen gibt es hier insgesamt acht Arbeitsplätze. Eine großartige Sache. Deshalb wurde der Betrieb, inzwischen eine GmbH, auch als gemeinnützig anerkannt.

Auf die Idee kam vor ein paar Jahren Jan Schierhorn. Er hatte sich darüber gewundert (eigentlich mehr geärgert), dass viele Leute auf ihrem Weg zum Supermarkt an Gärten und Wiesen vorbeikommen, wo noch jede Menge Äpfel an den Zweigen hängen. Und in der Obstabteilung decken sie sich dann mit Äpfeln ein, die Hunderte oder Tausende von

umweltschädlichen Autobahnkilometern hinter sich haben oder sogar von Übersee herbeigeschafft wurden. Vom Verpackungsmüll gar nicht zu reden. Was soll dieser Unsinn? Und warum sollte sich andererseits mit den verschmähten Äpfeln vor der eigenen Haustür nicht noch etwas Sinnvolles anfangen lassen? Apfelsaft kam ihm in den Sinn. Wenn man ihm die Äpfel überlassen würde, brauchte er Helfer für die Ernte und die weitere Verarbeitung. Kurz und gut: Er suchte sich eine Werkstatt für behinderte Menschen als Partner – heute die Hamburger Elbe-Werkstätten – und los ging's! Durch Presseveröffentlichungen und Mund-zu-Mund-Propaganda sprach sich das Projekt bald herum, und inzwischen hat die Truppe gut zu tun. Und immer wenn genug Geld in der Kasse ist, bekommt wieder jemand die Chance, trotz seiner Behinderung oder einer anderen Beeinträchti-

gung eine feste Anstellung zu finden. Wenn neue Technik angeschafft werden muss, spielen nach Möglichkeit auch ökologische und nachhaltige Aspekte eine Rolle – das nächste Auslieferungsfahrzeug beispielsweise soll ein Elektromobil sein. Ein gutes Prinzip!

Jan Schierhorn arbeitet übrigens ehrenamtlich mit, sein Geld verdient er in einer Agentur. Um das tägliche Geschäft kümmert sich auch Christian Langrock. Er hatte es in seinem früheren Business-Job satt, immer nur auf Wert- und Gewinnsteigerung achten zu müssen und schmiss hin. Jetzt verdient er zwar deutlich weniger, ist aber auch deutlich zufriedener mit seinem Leben als zuvor.

Von solchen Initiativen könnten wir überall da, wo Äpfel an den Zweigen verfaulen und gern ein richtig guter Saft getrunken wird, noch ein paar mehr gebrauchen, oder?

BRATAPFEL-TARTE

VEGETARISCH

Für **8**
PORTIONEN ODER
1 TARTEFORM (28 CM Ø)

WARMER APFEL MIT MANDELN: DIE KOMBI ZÄHLT ZU DEN WENIGEN SÜSSEN SACHEN, DIE ICH RICHTIG GERNE ESSE. ALS TARTE IST SIE EIN GEDICHT – AM NACHMITTAG ODER ALS DESSERT ZUM ABSCHLUSS EINES WEIHNACHTSMENÜS.

Den Backofen auf 160 °C Ober-/Unterhitze (Umluft 140 °C) vorheizen.

Die Tarteform einfetten, mit dem Blätterteig auslegen und einen schönen Rand formen. Den Teig mit einer Gabel mehrfach einstechen und im Ofen 15 Minuten vorbacken.

Währenddessen die Mandelblättchen in einer Pfanne ohne Fett rösten und mit Eigelben, Zucker und 4 EL zerlassener Butter in einer Küchenmaschine kräftig miteinander verrühren, die Blättchen dürfen ruhig kaputtgehen.

Den vorgebackenen Teig aus dem Ofen holen (Ofen nicht ausschalten) und den aufgegangenen Teig mit einem Küchentuch wieder runterdrücken. Achtung: Heißer Dampf kommt raus, verbrennt euch nicht die Pfoten!

Den krossen Teig mit der Mandelcreme bestreichen und beiseitestellen.

Jetzt kommen unsere Äpfel ins Spiel: Die Äpfel in Spalten schneiden und die Kerngehäuse entfernen. In einer Pfanne die restliche Butter schmelzen, Honig und Apfelspalten hinzugeben und kurz anschwitzen. Wer mag, kann auch noch Rosinen hinzugeben.

Jetzt könnt ihr die Äpfel fächerförmig auf die Mandelcreme setzen, mit etwas Honigbutter beträufeln und evtl. mit den Rosinen belegen. Lasst noch etwas Honigbutter in der Pfanne, um die Äpfel später einzupinseln.

Zum Schluss in einer weiteren Pfanne die gehackten Mandeln anbräunen und auf den Äpfeln verteilen.

Für 25 Minuten backen, dabei ein- bis zweimal zwischendurch mit etwas flüssiger Honigbutter bepinseln.

100 g Butter
plus etwas für die Form

1 Rolle frischer Blätterteig (Kühlregal)

150 g Mandelblättchen

3 Eigelb

100 g Zucker

5–6 Äpfel

4 EL Honig

evtl. eine Handvoll Rosinen

80 g gehackte Mandeln

APFEL-BEIGNETS

Für 8 PORTIONEN

IN MEINEM HEIMATDORF HABE ICH ALS JUNGE IM WINTER STETS AUF DEM LOKALEN WEIHNACHTS-MARKT GEHOLFEN, UM FÜR DAS SOMMER-ZELTLAGER ETWAS GELD ZU VERDIENEN: HEISSE SCHOKOLADE, PUNSCH UND APFELBEIGNETS WAREN DORT DER KASSENSCHLAGER.

250 ml Frittierfett oder Erdnussöl

4 Äpfel
(ich empfehle eine säuerliche Sorte)

100 ml Sahne

50 ml Milch

2 Bio-Eier

1 Eigelb

100 g Weizenmehl (Type 405)

10 cl Calvados

Puderzucker zum Servieren

Für die Vanillesoße:

1 Vanilleschote

200 ml Milch

2 EL Zucker

2 Bio-Eier

1 gestrichener TL Speisestärke

120 ml Sahne

Den Backofen zum Warmhalten der Beignets auf 100 °C Ober-/Unterhitze (Umluft 80 °C) vorheizen. Das Frittierfett oder Erdnussöl in einem großen Topf auf 170 °C erhitzen.

Die Äpfel schälen und die Kerngehäuse mit dem Apfelausstecher ausstechen oder mit einem Messer ausschneiden. Aus Sahne, Milch, Eiern, Eigelb und Mehl einen zähen Teig rühren. Die Äpfel in ca. 8 Millimeter dicke Scheiben schneiden und in Calvados marinieren. Die Apfelscheiben mit einer Gabel oder einem Schaschlikspieß aus dem Calvados nehmen und durch den Teig ziehen, bis sie vollständig ummantelt sind.

Die Scheiben direkt ins Fett geben und gut ausbacken, anschließend im Ofen warm stellen.

Mit Puderzucker servieren.

Wer mag gibt etwas Vanillesoße dazu: Die Vanilleschote längs aufschlitzen und das Mark auskratzen. Milch mit Vanillemark und Zucker aufkochen. Währenddessen die Eier mit der Speisestärke und der Sahne verquirlen, dann in die kochende Milch geben.

Noch mal kurz hochkochen lassen und zu den Beignets servieren.

VEGAN

APFEL-QUITTEN-GELEE

Für **4** PORTIONEN

VON DEM SÜSSEN HAUSGEMACHTEN AUFSTRICH NEHMEN UNSERE GÄSTE GERN AUCH EIN GLAS MIT HEIM.

750 ml guter Apfelsaft

Saft von 1/2 Zitrone

100 ml Weißwein

3 Quitten

2 Nelken

1/2 TL gemahlener Kardamom

1 Sternanis

2 Pimentbeeren

1 Zimtstange

1 Vanilleschote

500 g Gelierzucker 2:1

Apfelsaft, Zitronensaft und Weißwein in einen großen Topf geben und auf höchster Stufe erhitzen. Währenddessen von den Quitten nur den Stil und die Blütenansätze entfernen und mit einem Tuch den Flaum abreiben – der sorgt leider für eine bittere Note.

Die Quitten grob würfeln und sofort zum Apfelsaft geben. Alle Gewürze mit Ausnahme der Vanilleschote hinzugeben und aufkochen. Die Flüssigkeit durch ein Sieb gießen, um alle Gewürze aufzufangen. Die Vanilleschote längs aufschlitzen, das Mark auskratzen und das Mark zusammen mit dem Gelierzucker in die Flüssigkeit geben.

Alles für 4 Minuten köcheln lassen und in heiß ausgespülte Marmeladengläser füllen. Deckel drauf und die Gläser auf den Kopf stellen. Nach 30–40 Minuten wieder umdrehen und bei Zimmertemperatur auskühlen lassen.

APFEL-SORBET

VEGAN

Für **12-14** KUGELN

WENN ICH MAL EINEN EIS-JIEPER HABE, LANDET MEIST EIN SORBET IN MEINEM BECHER.

Apfeldicksaft, Zuckersirup, Limettensaft und 100 ml Wasser zusammen aufkochen und mit dem gekühlten Püree verrühren. Dann den Calvados einrühren und im Kühlschrank zügig runterkühlen. Dort 5–6 Stunden durchziehen lassen, dann in die Eismaschine geben und zu Sorbet gefrieren lassen.

120 g Apfeldicksaft

10 cl Zuckersirup

Saft von 1/2 Limette

1 kg gekühltes grünes Apfelpüree (z. B. Boiron)

10 cl Calvados

APFEL-LIMONADE

VEGAN

Für **1,2** LITER

EIN KRUG MIT APFEL-LIMONADE VON MAMA LIESS MICH FRÜHER JEDE NIEDERLAGE BEIM FUSSBALL VERGESSEN.

Alle Flüssigkeiten mit dem Apfeldicksaft in einer Karaffe verrühren und in Gläser mit Eiswürfeln gießen.

400 ml frischer Apfelsaft

600 ml Sodawasser

120 ml frisch gepresster Limettensaft

80 ml Apfeldicksaft

Eiswürfel

LEBERLE MIT APFEL UND ZWIEBEL

Für **2** PORTIONEN

MIT ZWÖLF JAHREN HABE ICH EINEN SCHULFREUND UND SEINEN VATER ZUR JAGD BEGLEITET. DAS GE-SCHOSSENE WILD ZERLEGTE DIE OMA DES HAUSES NOCH AM SELBEN TAG UND BEREITETE DIE LEBER FRISCH ZU – EIN GESCHMACK, DEN ICH NIEMALS VERGESSEN WERDE.

300 g mehligkochende Kartoffeln

1 Lorbeerblatt

1 Pimentbeere

Salz

400 g Kalbsleber

frisch gemahlener Pfeffer

2 EL Erdnussöl

1/2 Gemüsezwiebel

1 großer Apfel

4 EL kalte Butter

1 Bund Schnittlauch

50 ml Sahne

frisch geriebene Muskatnuss

Die Kartoffeln schälen, grob würfeln und mit dem Lorbeerblatt und dem Piment in einen Topf geben. Mit kaltem Wasser bedecken, salzen und den Topfinhalt zum Kochen bringen. Den Ofen auf 100 °C Ober-/Unterhitze (Umluft 80 °C) vorheizen.

Die Kalbsleber kurz vor Ende der Garzeit der Kartoffeln kalt abspülen, trocken tupfen, in 4 gleich große Teile schneiden und kräftig pfeffern. In einer Pfanne von beiden Seiten je 2–3 Minuten in heißem Erd-nussöl anbraten und im Ofen warm stellen.

Zwiebel schälen und klein schneiden, Apfel klein würfeln. In derselben Pfanne die Hälfte der Butter zerlassen und beides darin glasig dünsten. Schnittlauch abbrausen, trocken tupfen und in Röllchen schneiden. Die Apfel-Zwiebel-Mischung damit abrunden.

Die gekochten Kartoffeln mit der Sahne und der restlichen Butter zerstampfen, mit Salz, Pfeffer und Muskat abschmecken und direkt auf Tellern anrichten. Die Leber obenauf setzen und mit der Apfel-Zwiebel-Mischung vollenden.

Wer mag, kann auch nach dem Anbraten von Leber, Apfel und Zwiebel mit etwas Tomatenmark, Mehl und Rotwein eine leichte, braune Soße ziehen und sie zur Leber reichen.

SCHOKOLADE

AUS DER HANSESTADT BREMEN

Tafelglück

Bei Lapp & Fao schlägt das Herz eines jeden Schokoladenfans höher. In der Bremer Feinkosthandlung werden ganze Tafeln und viele andere kleine und große Köstlichkeiten aus und mit Schokolade hergestellt. Statt dabei nur auf die Klassiker wie Zartbitter und Vollmilch zu setzen, experimentiert man hier auch mal mit der Zugabe von Oliven, Kirschen, Mohn oder anderen ungewöhnlichen Zutaten. Wunderbar lecker!

LAPP & FAO

BREMEN

➤ Wenn man bedenkt, wie viele Betriebe Produkte mit und aus Schokolade anbieten und dass selbst Hobby-Patissiers zu Hause mit Hilfe von Ratgeber-Büchern wahre Schokoladenkunstwerke hinzaubern, sollte man doch meinen, dass diese süße Leckerei handwerklich ausgereizt ist. Aber wie man sich irren kann! In Bremen gibt es einen Betrieb, Lapp & Fao, der sich seit Jahren schon mit allen möglichen süßen und herzhaften Delikatessen beschäftigt, unter anderem auch mit Schokolade. Hier wird von der Trinkschokolade über Pralinen bis zu erlesenen Tafeln so ziemlich alles gefertigt, was sich mit der kakaobraunen Nascherei anstellen lässt. Damit unterscheiden sie sich nicht viel von anderen Produzenten, die ebenfalls ihren ganzen Ehrgeiz in hochwertige Schokoträume setzen. Nur dass die Bremer ständig wei-

tertüfteln, bis ihnen mal wieder so eine Art Geniestreich gelingt. Und darum geht es.

Machen wir zunächst einen kleinen Ausflug in die Profession der Schokoladenherstellung. Sonst versteht keiner richtig, worin denn die Besonderheiten liegen. Auch die Leute von Lapp & Fao können die Schokoladenherstellung natürlich nicht neu erfinden. Sie arbeiten mit belgischer Kuvertüre, geben aber deren Zusammensetzung genau vor. Die Basisqualitäten, mit denen dann gearbeitet wird, bestehen zu 36, 60 oder 70 Prozent aus Kakao, außerdem gibt es eine weiße Sorte (die übrigens weiß ist, weil sie kein Kakaopulver mehr enthält, sondern nur noch die daraus gewonnene Kakaobutter, außerdem Milchbestandteile und Zucker – weißen Kakao gibt's nämlich nicht). Die einzelnen Sorten schmecken aber

nicht nur unterschiedlich, sondern haben auch abweichen-
de physiologische Eigenschaften. Deshalb stellt sich immer
wieder diese eine Frage: Welche Schokoladensorte lässt sich
am besten mit anderen Aromaträgern kombinieren und auf
welche Weise? Die einstigen Erfinder der Nussschokolade
hatten es da noch leicht: Schoko und Nuss schmeckten im
Duett einfach großartig und beides lässt sich ohne techni-
sche Klimmzüge in eine Tafel packen.

Oliven hingegen wollen mit Schokolade erst einmal gar
nichts zu tun haben, und die Schokolade sollte man gar
nicht erst fragen. Deshalb wundert diese Kombi sowieso.

Aber die Bremer haben nicht lockergelassen und herausgefunden, dass Oliven am besten erst mit Portwein getränkt
und dann karamellisiert werden, bis sie sich fein zerklei-
nert mit Schokoladenmasse zu einer homogenen Textur
vermählen lassen. Anders scheint's nicht zu funktionieren.
Dasselbe Problem mit Kirschen: Sie müssen, so überra-
schend das klingen mag, in einer aufwendigen Prozedur so
bearbeitet werden, dass sie mit der Schokomasse zu einer
geschmeidigen Einheit verschmolzen werden können. Noch
ein Beispiel: Mohn in weißer Schokolade. Er wird zuerst
in Portwein eingekocht und dann karamellisiert, bis die

MOHN IN WEISSER SCHOKOLADE. ER WIRD ZUERST IN PORTWEIN EINGEKOCHT UND DANN KARAMELLISIERT, BIS DIE SCHOKOLADE IHN LIEBEVOLL UMARMT.

Schokolade ihn liebevoll umarmt. Alles in allem sind solche Herstellungsabläufe aber noch sehr viel komplexer. Deshalb können die meisten Arbeitsschritte auch nur in guter alter Handarbeit erledigt werden. Auf dem zur Firma gehörenden Rittergut Valenbrook (irgendwo zwischen Cuxhaven und Bremerhaven) kann man sich das alles einmal ansehen. Aber wie kommt man bei Lapp & Fao auf eine so scheinbar abgedrehte Kombi wie Schokolade mit Oliven? Zum einen gibt es da einen kleinen Stab an Köchen mit einer ausgeprägten Neigung zu allem Schokoladigen. Sie experimentieren den ganzen Tag herum. Denn was gut schmeckt,

kann technisch ein Drama sein und umgekehrt genauso. Auf der anderen Seite hat die Geschäftsleitung ihr Ohr ganz nah am Puls der Naschkatzen dieser Welt und horcht auf neue Trends. Wenn sich dann die beiden Gruppen treffen und ihre Ideen austauschen, kann alles Mögliche dabei herauskommen. 15 Sorten Tafelschokolade haben die Bremer schon, um das Leben zu versüßen. Also mal abwarten, welcher Stern am Himmel der süßen Versuchungen demnächst neu aufgehen wird.

VOLLMILCH-SCHOKOLADE MIT SALZIGEM KARAMELL

VEGETARISCH

Für **4** TAFELN

KAUM ZUBEREITET UND AUSGEKÜHLT, ÜBERLEBT DIESE SCHOKI MEIST NICHT EINMAL DAS VERPACKTWERDEN.

320 g Vollmilch-Schokoladendrops
(z. B. Valhrona oder Callebaut)

100 g Zucker

50 ml Sahne

Fleur de Sel

Die Schokolade über einem Wasserbad schmelzen. Währenddessen den Zucker in einer Pfanne bei hoher Temperatur unter Rühren karamellisieren lassen, mit Sahne ablöschen und auf ein Backpapier geben. Mit Fleur de Sel bestreuen und aushärten lassen, dann zu Karamell-Splittern zerbrechen.

Die Schokolade in die Form geben (sie sollte nach dem Schmelzen wieder auf 32 °C abgekühlt werden) und mit den zerbrochenen Karamell-Splittern bestreuen.

Komplett aushärten lassen und genießen.

Hier benötigt man eine Schokotafel-Form oder ein flaches, kleines Blech.

WEISSE SCHOKOLADE MIT KORIANDERSALZ

VEGETARISCH

Für **4** TAFELN

EIN ZUFALLSPRODUKT. GEPLANT WAR EIGENTLICH EINE SCHOKOLADE MIT PFEFFER ODER ESSIG. STATTDESSEN ENTDECKTE ICH IM REGAL SCHWARZES FLEUR DE SEL MIT KORIANDER UND SCHON WAR DIE ENTSCHEIDUNG GETROFFEN.

320 g weiße Schokoladendrops
(z. B. Valhrona oder Callebaut)

2 EL schwarzes Fleur de Sel

1 EL Koriandersamen

Die Schokolade über einem Wasserbad schmelzen und währenddessen das Salz und den Koriander zusammen im Mörser zerstoßen. Beides zur Schokolade geben und auf 34 °C oder weniger abkühlen lassen (durch Rühren oder durch Zugabe einiger weniger Schokodrops).

Alles in die Form füllen und fest werden lassen oder die Form vorsichtig in den Kühlschrank stellen.

Darauf achten, dass keine Blasen zu sehen sind (zur Abhilfe einfach die Form auf die Arbeitsfläche klopfen).

Komplett aushärten lassen und genießen.

Hier benötigt man eine Schokotafel-Form oder ein flaches, kleines Blech.

CHILI CON CHOCO

ICH HABE MAL IN EINEM LADEN GEKOCHT, DA STAND BOLOGNESE AUF DER KARTE, UND WENN ETWAS ÜBRIG BLIEB, WURDE DIE FLEISCHSOSSE MIT BOHNEN, MAIS UND CHILI ZUM BEKANNTEN TEXANISCHEN GERICHT VERARBEITET. DIESE INTERPRETATION WAR VOM ORIGINAL ALLERDINGS SO WEIT ENTFERNT WIE AUSTIN VON BUXTEHUDE. URSPRÜNGLICH KOMMEN ZUM BEISPIEL KEINE BOHNEN IN DAS CHILI HINEIN, DOCH AUF DIE MAG AUCH ICH NICHT GÄNZLICH VERZICHTEN.

1 kg Rindfleisch
(z.B. aus der Hochrippe oder dem Unterschenkel)

3 EL Öl

700 g Zwiebeln

1 Knoblauchzehe

3 frische rote Chilischoten
(z.B. New Mexican, Anaheim)

1 l Fleisch- oder Gemüsebrühe

1 TL gemahlener Kreuzkümmel

1 TL Cayennepfeffer

1 Dose Kidneybohnen (400 g)

1 Dose weiße Bohnen (400 g)

4 EL kalte Butter

150 g geraspelte Zartbitterschokolade

Salz

frisch gemahlener Pfeffer

4 EL Crème fraîche

3 Petersilienstängel

Das Rindfleisch kalt abspülen, trocken tupfen und in walnussgroße Würfel schneiden. Das Öl in einem großen Topf erhitzen und das Fleisch darin kräftig anbraten.

Zwiebeln schälen und hacken, Knoblauch schälen und andrücken und die Chilischoten hacken. Alles zum Fleisch geben und nach ca. 5 Minuten mit Brühe ablöschen.

Kreuzkümmel und Cayennepfeffer hinzugeben und das Fleisch 4 – 5 Stunden schmoren lassen. Wenn das Fleisch zart ist, die Bohnen abgießen, hinzugeben, aufkochen und mit der kalten Butter und der geraspelten Schokolade binden. Mit Salz und Pfeffer abschmecken und mit einem Klecks Crème fraîche servieren. Petersilienblättchen hacken und darüberstreuen.

Dazu passt am besten Baguette.

Für **5** PORTIONEN

SCHOKOLADEN-PUDDING

ALS KIND MUSSTE AUF DEN WARMEN PUDDING EINE PRISE ZUCKER GESTREUT WERDEN, WEIL ICH DIE HAUT NICHT MOCHTE, DIE SICH SONST BILDET. HEUTE IST SIE FÜR MICH DAS LECKERSTE VOM GANZEN PUDDING.

80 g Zartbitterschokolade

800 ml Milch

2 EL ungesüßtes Kakaopulver

4 EL Zucker, evtl. Zucker zum Bestreuen

3 leicht gehäufte EL Speisestärke

Die Schokolade in einem Topf in der Hälfte der Milch schmelzen und aufkochen. Kakaopulver, Zucker und Stärke miteinander verrühren und in der Küchenmaschine oder mit dem Handrührgerät mit der restlichen Milch verquirlen. Unter Rühren zur Schokoladenmilch geben und kräftig weiterrühren, bis die Stärke den Pudding bindet.

Noch heiß in mit kaltem Wasser ausgespülte Tassen oder Schälchen füllen und kühl stellen.

Wer keine Pelle auf seinem Pudding mag, bestreut nach dem Befüllen den Pudding einfach mit etwas Zucker.

SCHOKOLADEN-FRANZBRÖTCHEN

Für **6-8** PORTIONEN

FRANZBRÖTCHEN SIND NICHT WIE OFTMALS FÄLSCHLICH BEHAUPTET PLATTGEDRÜCKTE CROISSANTS MIT ZIMT UND ZUCKER, SONDERN VIELMEHR ZUCKERSÜSSES PLUNDERGEBÄCK MIT EINER LANGEN HAMBURGER GESCHICHTE.

Hefe, Zucker und Milch miteinander verrühren und 10 Minuten stehen lassen.

Das Mehl in eine Schüssel geben und eine Mulde formen. Die Milch-Hefe-Mischung in die Mulde geben und die Butter darüberraspeln. Dann das Salz hinzugeben und in der Küchenmaschine zu einem Teig verkneten.

Den Teig 1 Stunde abgedeckt gehen lassen, dann auf einer bemehlten Arbeitsfläche zu einem ca. 15 x 20 Zentimeter großen Rechteck ausrollen.

Auf eine Seite die in Scheiben geschnittene kalte Butter legen und die andere Hälfte des Teigs darüberklappen. Die Ränder kräftig zusammendrücken und den Teig mit etwas Mehl bestäubt doppelt so groß ausrollen. Teigränder zusammendrücken und unter den Teig schieben.

Diesen Teig dann zu einem Drittel von der schmalen Seite her einschlagen und mit der anderen Seite überlappen (sodass man 3 Schichten bekommt) und zu einem ca. 25 x 35 Zentimeter großen Rechteck ausrollen.

Mit Zucker und Schokoladendrops bestreuen und von der Längsseite her aufrollen, die Nahtstelle nach unten. Kante leicht andrücken und die Rolle mit einem scharfen Messer in 4–5 Zentimeter breite Scheiben schneiden. Mit einem Kochlöffel parallel zu den Schnittflächen in der Mitte jedes Stücks kräftig eindrücken, sodass sich die Schnittflächen nach oben biegen. Gegebenenfalls etwas nachformen.

Auf ein mit Backpapier belegtes Backblech legen und an einem warmen Ort weitere 30 Minuten abgedeckt ruhen lassen. Den Backofen auf 190 °C Ober-/Unterhitze (Umluft 170 °C) vorheizen und die Franzbrötchen etwa 25 Minuten backen.

1½ Würfel Hefe (21 g)

40 g Zucker

130 ml lauwarme Milch

250 g Weizenmehl (Type 550) plus etwas zum Arbeiten

30 g eiskalte Butter

1 Prise Salz

Für die Füllung:

100 g kalte Butter in Scheiben

50 g brauner Zucker

80 g Zartbitter-Schokoladendrops (z. B. Valhrona oder Callebaut)

KAFFEE

AUS ALLER WELT

In Coffee We Trust

Guter Kaffee ist einfach große Kunst. Für den perfekten Genuss gilt es die Bohnen aus den besten Provenienzen aufzuspüren, die richtigen Partien zu mischen und jede einzelne Bohne auf den Punkt genau zu rösten. Nicht ganz einfach. In Hamburg stellt sich Jan-Cort Hoban dieser Aufgabe. Er hat sich gutem Kaffee-Geschmack voll und ganz verschrieben, „driven by taste", wie er es nennt.

MR. HOBAN'S COFFEE ROASTERY

HAMBURG

➤ Vor einem richtig guten Kaffee darf man ruhig mal auf die Knie fallen. Jan-Cort Hoban macht so einen. Bei ihm geht es nicht hopp-hopp wie bei den großen Kaffeefirmen, er nimmt sich für das Rösten seiner drei Espresso- und der vier Filterkaffee-Sorten richtig Zeit. Die Bohnen für den Espresso lässt er 14 1/2 – 15 Minuten lang bei 200 – 205 °C im Gastrommelröster rotieren und die für den Filterkaffee bei 200 – 205 °C 13 Minuten. In den großen Betrieben muss das alles immer viel fixer gehen. Und bei denen werden die noch warmen Bohnen anschließend auch sofort verpackt, was bei Jan-Cort Hoban aber niemals in die Tüte käme. Erst kühlt er sie zum Ausgasen, wie man unter Kaffee-Experten sagt, behutsam herunter und gönnt ihnen danach noch fünf bis sieben Tage Ruhe, damit sich alle ihre Aromen bestens entwickeln. So soll es sein.

Der zweite Teil seines Handwerks ist noch etwas anspruchsvoller. Er besteht darin, die richtigen Mischungen herzustellen. Denn die Kaffeekirschen, die sich Mr. Hoban aus einem Hamburger Kaffeelager persönlich abholt, sollen nach dem Rösten nicht mal so und mal so schmecken, sondern immer gleich gut. Einfach verschiedene Sorten immer wieder nach derselben Gewichtsverteilung zusammenzuschütten geht aber nicht. Denn jede Kaffeesorte fällt in jedem Erntejahr und je nach Klima, Boden, Lage und dem Ort, an dem sie wächst, anders aus. Mit Naturprodukten ist das nun mal so. Deshalb muss Jan-Cort Hoban mit dem richtigen Riecher und viel Fingerspitzengefühl – hat er beides! – die richtige Mischung immer wieder neu herausfinden.

Er ist übrigens Amerikaner, in seinen Adern fließt aber auch irisches Blut. Im Kaffeegeschäft ist er nun schon über ein Jahrzehnt. Seitdem er selbst röstet, weiß er ganz genau, wie der Hase läuft. Trotz aller Routine ist er mit viel Leidenschaft bei der Sache: „Wenn ich beispielsweise für eine Espressomischung noch nach Bohnen mit einer schokoladigen Note suche, fühle ich mich wie ein Koch, der ein Essen zubereitet. Zum Schluss fehlt noch das Gewürz, mit dem alles perfekt wird," erzählt er. Da muss man nicht lange raten, dass er zu Hause wirklich gern am Herd steht!

Manchmal ist er auch nicht zu Hause. Immer wenn es sich anbietet, macht er sich auf, um die Gebiete zu besuchen, in denen der von ihm verarbeitete Kaffee wächst. Das kann mal Brasilien, Äthiopien, Indien oder mal Sumatra sein. Natürlich sieht er sich die Plantagen an, aber er hat noch ein anderes Anliegen im Auge. Er möchte wissen, ob es den Arbeitern, die auf den Anbaufeldern schuften, gut geht. Wie sind die Arbeitsbedingungen, ist die Bezahlung okay, haben alle eine Krankenversicherung und können sie ihre Kinder auf Schulen schicken? „Das

VOR EINEM RICHTIG GUTEN KAFFEE DARF MAN RUHIG MAL AUF DIE KNIE FALLEN.

interessiert mich, das muss passen", sagt er. Sonst bezieht er den Kaffee nicht mehr. Ganz einfach. Einer wie er, der Frau und zwei Kinder hat und sich viel um seinen Betrieb kümmern muss, kann natürlich nicht ständig unterwegs sein und nicht wirklich jede Plantage besuchen. Aber er weiß sich zu helfen: „Ich habe ein großes Netzwerk von Leuten, die ständig unterwegs sind und die örtlichen Situationen genau kennen", erklärt er. „Die bringen mir Fotos mit und erzählen mir, was da los ist. Dann bin ich genau im Bilde." Gute Idee, denn so kann man immer

sicher sein, dass der Kaffee von ihm einen fairen Hintergrund hat.

Rund zehn Tonnen Kaffee produziert Mr. Hoban im Jahr. Ein Klacks gegen die Mengen der Großröstereien. Wenn zwischendurch mal ein Moment Zeit ist, setzt er sich hin und bedruckt seine Kaffeetüten mit einem Stempel selbst. Sehen die nicht klasse aus?

Für **10** PORTIONEN

HERZBLUT

STARKER, HANDGEBRÜHTER KAFFEE HILFT MIR AM MORGEN AUF DIE SPRÜNGE – GENAUSO WIE DIESER ANGENEHM SCHARFEN SALSA AUS HERRLICH AROMATISCHEN OCHSENHERZTOMATEN.

2 kleine Zwiebeln

2 Knoblauchzehen

frische Kräuter nach Belieben (z. B. Thymian, Rosmarin, Koriander)

1 Zitronengrasstängel

Olivenöl zum Anbraten

2 – 3 frische rote Chilischoten (je nach Schärfe)

10 Ochsenherztomaten

200 ml aufgebrühter Filterkaffee

Salz

frisch gemahlener Pfeffer

Zucker

Zwiebeln und Knoblauch schälen und fein hacken. Die Blättchen von den Kräutern zupfen und beiseitelegen. Die Kräuterstängel und das Zitronengras fein hacken. Die Blättchen ebenfalls fein schneiden und alles zusammen in Olivenöl bei mittlerer Hitze anbraten.

Chilis ebenfalls klein hacken, Tomaten vom Stielansatz befreien und würfeln, beides hinzugeben und kurz mit anschwitzen. Mit Filterkaffee ablöschen und mit Salz, Pfeffer und Zucker abschmecken.

Nach Gusto noch frische Kräuter unterrühren und zu Steaks, mariniertem Gemüse, Fisch oder Baguette reichen.

SCHNITZEL KAFFEERÖSTER ART

Für **4** PORTIONEN

DURCH ZUGABE VON PARMESAN, SESAM ODER EBEN ESPRESSO ZUR PANADE BEKOMMT MAN LECKERE ABWECHSLUNG AUF DEN TELLER.

Die Hähnchenbrustfilets kalt abspülen und trocken tupfen.

In 3 tiefen Tellern die Panierstraße vorbereiten: In den ersten Teller kommt Mehl, in den zweiten kommen die mit der Sahne verquirlten Eier und in dem dritten Teller vermischt man zerbröselte Cornflakes, Semmelbrösel und gemahlenen Espresso oder Kaffee.

Die Hähnchenbrustfilets zuerst in Mehl und anschließend in der Ei-Sahne-Masse wenden. Zu guter Letzt kommen die Filets noch in den Panade-Teller, auf dem sie eine gute Portion Cornflakes, Brösel und natürlich vor allem Kaffee abbekommen sollen.

Das Butterschmalz in einer Pfanne bei mittlerer Hitze zerlassen und die Schnitzel von beiden Seiten goldbraun ausbacken.

Währenddessen aus Öl, Essig, Salz, Pfeffer und Zucker ein schmackhaftes Dressing anrühren und den Salat putzen. Das Dressing unter den Salat heben und alles zusammen servieren.

4 Hähnchenbrustfilets

Mehl zum Panieren

4 EL Sahne

4 Bio-Eier

6 Handvoll Cornflakes ohne Zucker

4 EL Semmelbrösel

4 EL frisch gemahlenes Espresso- oder Kaffeepulver

2 EL Butterschmalz

Für den Salat:

4 EL Olivenöl

2 EL Weißweinessig

Salz

Frisch gemahlener Pfeffer

1 TL Zucker

1 großer Kopfsalat

ESPRESSO-SCHOKOTARTE

EINE SÜSSIGKEIT FÜR ALLE, DIE GENAU WIE ICH EIGENTLICH NICHT AUF SÜSSIGKEITEN STEHEN.
WENIG ZUCKER, HERBE HERRENSCHOKOLADE UND EIN PAAR KRÄFTIGE ESPRESSI. FÜR MÄNNER GEMACHT!

Den Backofen auf 180 °C Ober-/Unterhitze (Umluft 160 °C) vorheizen.

Schokolade und Butter zusammen über einem Wasserbad schmelzen. Währenddessen die Eier und den Zucker in der Küchenmaschine schaumig schlagen. Den Espresso zugeben und mit Mehl etwas andicken.

Nun die Schokoladen-Butter-Mischung unter die Eier-Zucker-Mischung heben. Die Form fetten, mit Grieß ausstreuen und den Teig hineinkippen. Wer einen sehr weichen Kern möchte, backt die Tarte 25–30 Minuten, für einen nur leicht weichen Kern 40 Minuten.

Den Kuchen mindestens 30 Minuten abkühlen lassen, sagt Mama, sonst gibts Bauchschmerzen! Ich sage: Was solls, warm ist das Ding jeden Schmerz wert!

400 g Zartbitterschokolade

200 g Butter
plus etwas für die Form

4 Bio-Eier

80 g Zucker

4 kräftige Espresso à 30–40 ml

80 g Weizenmehl (Type 405)

Außerdem:

Gries für die Form

Für **4** PORTIONEN

AFFOGATO AL CAFFÈ

DROHT EINE KUGEL SÜSSES KARAMELLEIS IN ESPRESSO ZU ERTRINKEN, FINDET SICH GANZ SICHER EIN MITCH BUCHANNON IM STRASSENCAFÉ. DIE KLEINE PRISE FLEUR DE SEL MACHT ALLES NOCH AUFREGENDER.

4 Kugeln Karamelleis

160 ml kalter Espresso oder starker Kaffee

160 ml gelagerter Rum (z. B. Bacardi 8 Años oder Havana Club)

Fleur de Sel

4 Gläser mit je einer Eiskugel im Tiefkühler 1 Stunde anfrieren. Espresso oder starken Kaffee mit dem Rum mischen und über die gefrorenen Eiskugeln geben. Mit Fleur de Sel bestreuen.

KAFFEELIKÖR MIT SOMBRERO

Für **500** MILLILITER

KALTER KAFFEE MACHT ZWAR NICHT SCHÖN, ABER EINEN LEICHTEN GLIMMER KANN MAN IN DIESEM FALL SCHON DAVONTRAGEN.

Den gemahlenen Kaffee und das Wasser in einen großen Messbecher füllen, kurz umrühren und abgedeckt im Kühlschrank 8–10 Stunden ziehen lassen.

Nach der Ziehzeit (im Fachjargon „Cold Brew" genannt) mithilfe eines Kaffeefilters den Kaffeesatz vom Kaffee trennen. Habt Geduld, es dauert deutlich länger als bei heißem Kaffee, das Ergebnis lohnt sich aber!

Jetzt könnt ihr anfangen, euren kalten Kaffee mit gutem Tequila zu mischen und mit Zuckersirup zu süßen.

Neben Tequila eignet sich z. B. auch Rum, Cognac, Whiskey oder Wodka.

20 g frisch gemahlenes fruchtiges Kaffeepulver (z. B. Yirgacheffe)

35 cl abgekochtes und abgekühltes Wasser

15 cl guter weißer Tequila (z. B. Sierra Milenario)

4,5 cl Zuckersirup

REZEPTÜBERSICHT

MANUFAKTUREN

RATSHERRN BRAUEREI
Lagerstraße 30A
20357 Hamburg
040 380728920
info@ratsherrn.de
www.ratsherrn.de

GARTENDECK
Große Freiheit 62–68
22767 Hamburg
info@gartendeck.de
www.gartendeck.de

MÜNCHHOF
Schwarzer Weg 2
21635 Jork/Estebrügge
04162 8962
muenchhof@galloway-biohof.de
www.galloway-biohof.de

JITHOFER KÄSEREI
Jithof 1
21698 Bargstedt
04164 6479
info@jithofer-kaeserei.de
www.jithofer-kaeserei.de

FISCHEREI & RÄUCHEREI LASNER
24326 Ascheberg
04526 339818
raeucherruedi@t-online.de
www.fischereilasner.de

WEINGUT SCHÄTZEL
Oberdorfstr. 34
55283 Nierstein
06133 5512
weingut@schaetzel.de
www.schaetzel.de

DITTMEYER'S AUSTERN-COMPAGNIE
Hafenstraße 10–12
25992 List auf Sylt
04651 870860
www.sylter-royal.de

DER HOLZOFENBÄCKER
Heischstr.19
24143 Kiel
0431 731505
info@derholzofenbaecker.com
www.derholzofenbaecker.jimdo.com

IMKEREI HEIMANN & SÖHNE
Theekamp 7
22869 Hamburg
0170 9306177
hallo@heimann-soehne.de
www.heimann-soehne.de

ALTONAER SPIRITUOSEN MANUFAKTUR
Bahrenfelder Steindamm 2
22761 Hamburg
040 22637923
info@gin-sul.de
www.gin-sul.de

DAS GELD HÄNGT AN DEN BÄUMEN
Postfach 61 62 63
22450 Hamburg
040 22645701
info@dasgeldhaengtandenbaeumen.de
www.dasgeldhaengtandenbaeumen.de

LAPP & FAO
Schlachte 38
28195 Bremen
0421 1788850
info@bremer-feinkost.de
www.lappandfao.com

MR. HOBAN'S COFFEE ROASTERY
Gärtnerstraße 3
22880 Wedel
0151 27532614
info@mrhoban.com
www.mrhoban.com

FABIO HAEBEL ist ausgebildeter Koch, Foodstylist, Bistro-Besitzer und Bartender. Der gebürtige Freiburger betreibt die beliebte Tarterie in St. Pauli und eröffnete 2014 die Bar- und Baristaschule Barwerk Hamburg. In Fabios Kochschule auf der Webseite von essen & trinken verrät er außerdem die besten Tipps für internationale Klassiker wie Quiche Lorraine und Ragú alla bolognese. Er kocht am liebsten mit guten und frischen Produkten aus der Region.

ELISSAVET PATRIKIOU lebt in Hamburg und arbeitet seit über 20 Jahren als freie Fotografin und Autorin. Aus Liebe zum Kochen und zu gutem Essen hat sie sich auf Foodfotos und Kochbücher spezialisiert.

5 4 3 2 1   19 18 17 16 15
978-3-88117-973-7

Fotografie: Elissavet Patrikiou, Hamburg
Layout, Satz und Covergestaltung: Stefanie Wawer, Münster
Reportagetexte: Martin Lagoda, Hamburg
Rezeptlektorat: Bettina Snowdon, Hamburg
Redaktion: Lisa Frischemeier

www.hoelker-verlag.de